Kurt Gossweiler

Darf ich Genosse sagen?

Der Briefwechsel mit Peter Hacks

Eulenspiegel Verlag

Herausgegeben von Matthias Oehme

Inhalt

ZU DIESER AUSGABE

Der vorliegende Briefwechsel erschien erstmals 2005 in der von André Thiele und Johannes Oehme unter dem Titel »Am Ende verstehen sie es. Politische Schriften 1988 bis 2003« im Eulenspiegel Verlag herausgegebenen Sammlung von Hacks-Schriften. Diese war rasch vergriffen. In der zweiten, 2018 von Heinz Hamm besorgten und stark erweiterten Ausgabe, »Marxistische Hinsichten. Politische Schriften 1955–2003«, ist dieser Briefwechsel nicht enthalten.

Hier erscheint er seiner Bedeutung gemäß in einer eigenständigen revidierten Ausgabe. Die Korrespondenz spannt einen Bogen von konkreten Alltagsproblemen über Systematisierungen und Skizzierungen bis in detaillierte Fragen sozialistischer Theorie. Sie zeigt deutlich und in grundsätzlicher Weise Übereinstimmungen und Gegensätze im politischen Denken der Briefpartner.

Änderungen gegenüber der Ausgabe von 2005 sind: Ein weiterer Brief wurde gefunden (Nr. 26, S. 78). Handschriftliche Ergänzungen zu den Briefen 15 und 27 wurden nachgetragen. Einige zuvor unterdrückte Stellen konnten publik gemacht werden, da sie nicht mehr als ungebührlich anzusehen sind. Die Anmerkungen wurden aktualisiert und erweitert. Beilagen zu den Briefen wurden, sofern sie vorhanden oder ermittelbar waren, weitgehend vollständig in den Kommentar aufgenommen.

Die Wiedergabe der Briefe erfolgt entsprechend den von Peter Hacks anläßlich der Edition seines Briefwechsels mit André Müller sen. aufgestellten Grundsätzen der Textbehandlung. Hacks wird im Wortlaut, Buchstabe für Buchstabe, gedruckt – abgesehen allein von Verbesserungen aus der Zeit und klar als solche erkennbaren Flüchtigkeitsfehlern. Gossweilers Briefe erscheinen, wo nötig, korrigiert. In einigen Fällen wurden Ungehörigkeiten gegen Dritte, welche den Anstand oder juristische Gepflogenheiten verletzen, getilgt, sie sind durch [...] kenntlich gemacht worden. Texteinfügungen des Herausgebers sind in eckige Klammern gesetzt worden. – In allem übrigen verbürgt sich der Herausgeber für absolute Texttreue.

Dank geht an die Redaktion des Politischen Archivs Kurt Gossweiler (kurt-gossweiler.de).

Der Herausgeber
Juli 2022, Berlin

1 Gossweiler an Hacks 14.11.1996

Herrn
Peter Hacks

c/o Edition Nautilus

Sehr geehrter Peter Hacks!

Die Deutsche Post ist bekanntermaßen für Überraschungen gut, für böse allemal, so sie von den Post-Oberen ausgeheckt werden. Als Dienstleistungsbetrieb bereitet sie einem indessen mitunter auch ausgesprochen angenehme und erfreuliche Überraschungen.
Eine solche war es für mich – den von A. Brie zum Post-Stalinisten ernannten Geschichtsbuch-Schreiber –, als mir der Post-Bote Ihr umfangreiches, gehaltvolles Werk ins Haus brachte. Dem Begleitschreiben des Verlages konnte ich entnehmen, daß mir dieses Freiexemplar auf Ihren Wunsch hin zuteil geworden ist.
Durch diese Sendung wurde ich zum einen in einen Zustand der Freude versetzt, als hätte ich den – noch gar nicht existenten – Peter-Hacks-Preis verliehen bekommen; zum anderen aber beschäftigte mich heftig die Frage, wie ich zu dieser unerwarteten und ganz unverdienten Ehre gekommen bin.

Die Tatsache, daß Sie in diesem Band Ihr Vorwort aus dem Jahre 1966 auch im Jahre 6 nach der Konterrevolution nicht verleugnen – ein Vorwort, in dem immerhin zu lesen ist, der Sozialismus habe in der DDR nach 1961 seine Fähigkeit bewiesen, für eine moderne Industriegesellschaft zu taugen, welches ein Erfolg sei, der weit über das Jahrhundert hinausgreife –, legt mir die Erklärung nahe, diese Sendung könnte ein Zeichen einer Gemeinsamkeit im Mißbehagen gegenüber einer Haltung widerwärtig-sklavischer Unterwerfung unter den »Zeitgeist« sein, wie sie sich u.a. in der Forderung exhibitioniert, endlich doch in den Jubel darüber einzustimmen, aus dem Unrechtsstaat DDR in der bundesrepublikanischen freiheitlichen Demokratie »angekommen« zu sein.
Ich möchte hoffen, daß diese Deutung von Ihnen nicht dementiert zu werden braucht.

Mit herzlichem Dank und allen guten Wünschen für Sie,
Ihr Kurt Gossweiler

Lieber Herr Gossweiler, ich kann gar nicht sagen, wie froh ich bin, daß Sie Ihr Lebenswerk zu diesem provisorisch-vollständigen Abschluß gebracht haben. Das Buch hat noch Züge einer Materialsammlung, es ist als System noch nicht bis in den letzten Winkel widerspruchsfrei. Aber es gravitiert in allen seinen Teilen in Richtung des Ganzen, das das Wahre ist, und die Welt in ihrer großen Schwierigkeit kann mit seinem Erscheinen erst einmal für abgehandelt gelten.
Es gibt ja schon wieder ein paar wohlgemeinte Bücher, es gibt auch schon Bücher, die Tatsachen enthalten. Es gibt eine überaus kleine Zahl von Büchern, die vom höchsten Stand des sozialistischen Bewußtseins her ins Wesen packen, und ich denke, daß das Ihrige sich an deren Spitze gestellt hat. Wenn ein Standardwerk ein Hauptwerk über einen Hauptgegenstand ist, dann, lieber Herr Gossweiler, haben Sie unserem Jahrhundert das Standardwerk geschrieben.
Für Ihre wichtigste Nachricht halte ich eine These, die Sie gar nicht aufstellen, die ich aber aus Ihnen extrapoliere und das Gossweilersche Gesetz nennen will. Es lautet: Jede kommunistische Bewegung zu jeder Zeit seit 1848 ist zu einem etwa konstanten Anteil mit Kräften durchsetzt, denen die ganze Sache zu anstrengend ist und die potentiell bereit sind, die Friedensangebote, die die Bourgeoisie ihnen macht, wohlwollend zu prüfen. Wie hoch dieser Anteil jeweils ist, ist kaum eine Frage der Gunst oder Ungunst der gesellschaftlichen Stunde. Das Vorhandensein großartiger Führer, Lenins, Stalins, Ulbrichts, hingegen kann die Quote der Revisionisten entmutigen und für eine gewisse Weile senken.
Daß die Sowjetunion die DDR eigentlich zu keiner Zeit nicht dem Imperialismus andienen wollte, war ja klar. Auf

wie schmutzige Art sie es tat, schildern Sie sehr erhellend. Ihre Analysen der Schauprozesse, des Stalin-Hitler-Pakts und der Tito-Geschäfte sind samt und sonders Befreiungsschläge. (Haben Sie Heyms »Radek« gelesen? Heym zögert nicht, sich mit Radek zu identifizieren, und er kommt gar nicht auf den Gedanken, daß beide, er wie der, etwas anderes im Sinn gehabt haben könnten, als was Wyschinski ihnen vorhält). Über Gorbatschows Pfiffigkeit, sich immer in eine politische Mitte zu arrangieren, habe ich schon seinerzeit viel gelacht.
Wie richtig ist Ihre Bemerkung, daß der Imperialismus jede Form erlaubt, den Sozialismus zu denken, und jede verbietet, ihn zu unternehmen. Ihre andere Grundthese, die ich für richtig halte, ist, daß nicht Brzezinski und Kissinger die SU geleimt haben, sondern daß die SU Brzezinski und Kissinger eingeladen haben, sie zu leimen. Es war unmöglich, uns zu betrügen, solange wir nicht den Wunsch hatten, betrogen zu werden. (Dennoch gestatte ich mir zu meinen, daß die methodische Diskussion zwischen Ihrer Freundin Wagenknecht und Ihnen über diesen Punkt nicht vor die Öffentlichkeit gehört hätte).

Dieser Brief ist zu lang und ernsthaft, um durchaus beholfen zu sein. Es ist mir wurst, es kam mir nur darauf an, Ihnen zu erzählen, wie lebhaft ich Sie wahrgenommen habe. Da im Augenblick keiner zur Verfügung steht, Ihnen den Nationalpreis und den Karl-Marx-Orden zu verleihen, tue ich es eben. Ich danke Ihnen, und ich grüße Sie.

Ihr
Peter Hacks

Lieber Mitstreiter Peter Hacks!

Auch ohne Ihre ebenso überraschende wie ermutigende Zuschrift zu meiner Anti-Revisionismus-Publikation wäre es mir ein starkes Bedürfnis gewesen, Ihnen zur Vollendung Ihres 70. Lebensjahrzehnts und für das kommende achtzigste meine von Herz und Kopf kommenden Glückwünsche zu senden; nach diesem Ihrem Briefe hat dieses Bedürfnis natürlich eine vielfache Steigerung erfahren. Ich hoffe und wünsche sehr, daß Ihnen auch im kommenden Jahrzehnt die Kraft erhalten bleibt, in dieser finsteren Zeit mit dem aufklärerischen Licht Ihrer Gedanken das »moderne« Dunkelmännertum zu attackieren und seinen Einfluß zurückzudrängen; und als Gipfel meiner Glückwünsche wage ich die Hoffnung auszusprechen, daß Sie nach dem Erlebnis der konterrevolutionären Rückwärtswende auch noch an der neuen Vorwärtswende mitwirken und sie erleben können!

In Dankbarkeit Ihr
Kurt Gossweiler

Lieber Herr Hacks,

ich benutze die Gelegenheit, um mich nochmals für Ihren überraschenden Brief zu bedanken. Er hat mir natürlich sehr wohlgetan insofern, als er mir bestätigte, was ich sehr hoffte, aber dessen ich mir nicht so ganz sicher war, daß diese Veröffentlichung einem Bedürfnis entgegenkam und als nützlich empfunden wird. Sie haben jedoch der Sammlung von Aufsätzen und Briefauszügen einen so hohen Rang zugesprochen, der mir zwar sehr schmeichelt, aber den ich vorsichtshalber in Zweifel ziehe (aber nun wirklich nicht, um damit einen Widerspruch Ihrerseits zu provozieren).
Ich möchte Ihnen – weil Sie davon sprechen, mit diesem Buch hätte ich mein Lebenswerk zu diesem provisorisch-vollständigen Abschluß gebracht – Einiges über seine Entstehungsgeschichte erzählen: Dieses Buch entstand als ein Notnagel, als eine Zwischenlösung, weil das eigentliche Vorhaben nicht rechtzeitig – d.h. zum 80. Jahrestag der Oktoberrevolution – fertiggestellt werden konnte. Es handelt sich dabei um eine Chronik, begonnen Ende 1956, nachdem ich mir über die politische Qualität Chrustschows klargeworden war, und den Zeitraum 1953 bis 1964 umfassend, mit der ich das Wirken dieses scheinbaren Polit-Clowns, der in Wirklichkeit die wichtigste und wirksamste ferngelenkte V-Waffe des USA-Imperialismus war, begleitete. Als absehbar war, daß diese Chronik zum gewünschten Termin nicht für den Druck fertig würde, schlug ich meinem Verleger-Genossen vor, als Ersatz einen Sammelband herauszubringen. Der sollte eigentlich auch noch viel mehr Stücke enthalten, aber da er die Preisgrenze von 30,—DM nicht überschrei-

ten durfte, mußte ich schweren Herzens Vieles, was schon ausgedruckt war, wieder herausnehmen. Ich habe also nicht im mindesten daran gedacht, mit diesem Band etwas »Systemartiges« vorzulegen. Ich versuche nur, die lähmenden feindlichen Geschichtsentstellungen zu bekämpfen durch eine Analyse der Geschichte mit den Erkenntnissen und dem Instrumentarium des dialektischen und historischen Materialismus.

Es war mir eine große Freude, durch Ihren Brief zu erfahren, wie weitgehend Sie meinen Einschätzungen zuzustimmen vermögen, bin ich doch gewohnt, selbst bei führenden DKP-Genossen auf entschiedene Ablehnung und bei den meisten meiner Kollegen-Freunde auf bestenfalls wohlmeindendes Kopfschütteln zu stoßen. (Haben Sie übrigens die schon kaum anders als bösartig zu bezeichnende »Laudatio« einer Cristina Fischer in der UZ vom 20.3., S. 9, zu Ihrem 70. zur Kenntnis genommen? Ich würde – falls Sie einverstanden – der UZ für Frau C. F. gerne eine Kopie Ihres Briefes an mich senden, um ihr zu bestätigen, daß ihr Beitrag nichts anderes als eine »gehässige Spekulation« ist.)

Einige Ihrer Einschätzungen rufen bei mir den Eindruck hervor, daß ich meine Position präzisieren sollte.

Das betrifft zum einen das von Ihnen extrapolierte »Gossweilersche Gesetz«: Zu dem Vielen, zu dem ich gänzlich ungeeignet bin, gehört ganz bestimmt auch, »Gesetzgeber« zu sein. Ich habe doch nur eine allgemein bekannte Tatsache festgestellt, daß es in jeder – nicht nur der kommunistischen Bewegung – »Fundis« und »Realos« – um mich mal »modern« auszudrücken – gibt. Ich würde aber nicht behaupten, *jede* kommunistische Bewegung seit 1848 sei »zu einem etwa konstanten Anteil« mit »Realo«-Kräften durchsetzt. Dieser Anteil wechselt mit Zeit und Raum, ist abhängig in *erster Linie* von objektiven Bedingungen – der Stärke des betreffenden Kapitalismus, der Sozialstruktur, den gegebenen wirtschaftlichen und politischen Bedingungen, in *zweiter* Linie *auch* vom Vorhandensein oder Nichtvorhandensein von Führerpersönlichkeiten.

Eine zweite Feststellung von Ihnen, die ich nicht mittragen würde, ist die: »Daß die Sowjetunion die DDR eigentlich zu keiner Zeit *nicht* dem Imperialismus andienen wollte, war ja klar.« Diese leider auch von Sahra Wagenknecht übernommene, durch nichts belegte Behauptung habe ich mir in einem Artikel vorgenommen, der im nächsten »Streitbaren Materialismus« erscheinen wird und in den Weißenseer Blättern als Vorabdruck schon erschienen ist. Die SU der Stalin-Zeit war nie bereit, ihr – keineswegs »ungeliebtes« – Kind DDR dem Imperialismus »anzudienen«. Die Stalin-KPdSU hat dem Ziel der Weltrevolution niemals Valet gesagt.

Schließlich zur Veröffentlichung meiner Briefe an Sahra. Selbstverständlich habe ich Sahra vorher gefragt, ob sie mit einer Veröffentlichung einverstanden ist; sie war es (s. Anlage). Ich meine, bei so wichtigen politischen Fragen steht das Moment der notwendigen »Aufklärung«, der Verbreitung der Wahrheit, im Vordergrund. Sahras Chrustschow-Bild verharmlost in gefährlicher Weise das proimperialistische, bewußt konterrevolutionäre Wirken dieses Einleiters der Zerstörung der Hauptbastion der sozialistischen Revolution, sie konnte nicht unwidersprochen bleiben. Hätte sie der Veröffentlichung der Briefe nicht zugestimmt, hätte ich die gleiche Kritik in anderer Form öffentlich gemacht. Im Interesse der Sache und Sahras halte ich die gewählte Form für die bessere.

Zum Schluß bleibt mir nur, noch einmal meiner durchaus freudigen Überraschung Ausdruck zu verleihen darüber,

»wie lebhaft Sie mich wahrgenommen haben«, und Ihnen von Herzen zu danken einmal für die Übersendung Ihres »Gespräches im Hause Stein«, dem wir – meine Frau und ich – seinerzeit im Maxim-Gorki-Theater gelauscht haben, zu dessen tieferem Verständnis wir aber erst nach der Lektüre der Annexe vorgedrungen sind, und zum anderen zu der dreifachen Ordens- und Preisverleihung: mit dem Karl-Marx-Orden, dem Nationalpreis und dem Peter-Hacks-Preis I. Klasse.

Ihr
Kurt Gossweiler

Lieber Herr Hacks,

ermutigt durch Ihre so wohlwollende Beachtung meines Buches und im Nachgang zu meiner Antwort darauf sende ich Ihnen zwei kurze Auszüge aus dem »politischen Tagebuch«, von dem ich Ihnen schrieb, daß es eigentlich an Stelle des Buches zum 80. Jahrestag der Oktoberrevolution erscheinen sollte. Die eine ausgewählte Passage betrifft Mátyás Rákosi und sein Schicksal, das meiner Ansicht nach derart ist, daß seine Gestaltung den Stoff für eine der bewegendsten geschichtlichen Tragödien bietet.
Die zweite Passage betrifft die Zusammenarbeit der Sozialdemokratie mit Tito und Chrustschow bei der Organisierung der Konterrevolution in den sozialistischen Ländern und die Bestätigung meiner damaligen Annahmen vierzig Jahre später.
In der Hoffnung, Sie mit dieser Sendung nicht zu belästigen, grüße ich Sie als

Ihr Kurt Gossweiler

[PS.] Die miese Qualität der Kopie bitte ich mit Nachsicht in Kauf zu nehmen.

Lieber Herr Hacks,

der Anlaß dafür, daß ich mich schon wieder bei Ihnen melde, ist eine Anfrage einer österreichischen Bekannten, die ich an Sie weitergeben soll. Eitel, wie manche Menschen nun einmal sind, habe ich mir angewöhnt, meinem Buch, wenn ich es an Freunde verschenke, Ihren Brief an mich zu diesem Buche beizulegen, so auch dem Buche, daß ich der österreichischen Genossin und Herausgeberin der kommunistischen »neuen Volksstimme«, Lisl Rizy, sandte; mit dem Ergebnis, daß sie mich bat, bei Ihnen nachzufragen, ob Sie Ihre Zustimmung dazu geben würden, daß sie diesen Ihren Brief in ihrem Blatt abdruckt. Mit diesem Brief erfülle ich diese Bitte und würde mich freuen, von Ihnen eine Antwort – welche auch immer – zu erhalten.

Mit herzlichem Gruß,
Ihr Kurt Gossweiler

Lieber Herr Gossweiler, abschlägige Antworten sollten wenigstens schnell erfolgen; unter diesem Gesichtspunkt kommt diese Antwort mit Verspätung, und ich entschuldige mich. Ich glaube, nur zur Veröffentlichung bestimmte Briefe sind ein literarisches Genre und lassen sich drucken. Alle vertraulichen Briefe sind bloß Biographisches, und Biographisches gehört in den Nachlaß. Ich bitte Sie, der Frau Rizy zu sagen, daß mir die NVS gut gefällt und ich sie um ihr freundliches Verständnis dafür bitte, daß ich ihr einen einfachen und leicht zu befriedigenden Wunsch aus Gründen schriftstellerischer Pedanterie nicht erfülle.

Ich danke Ihnen für Ihren Hinweis auf Rákosi, dessen Schicksal ich tatsächlich weitgehend aus den Augen meines Gedächtnisses verloren hatte. Eine andere Frage, an die ich wieder nicht selten denke, ist, woher alle Welt zu wissen scheint, daß Noël Field kein Spion war. Ihr Januar-Referat bei Flegel fand ich ausgezeichnet und den Geist des Publikums gar nicht übel. Sie empfehlen mir, mich um ein hohes Alter zu bemühen; ich gebe Ihnen diese Empfehlung mit allen herzlichen Gefühlen zurück.

Stets und ergebenst, Ihr
Peter Hacks

Lieber Herr Hacks,

nach einer Kur in Franzensbad – die mir aber gar nicht besonders gut bekam – und einem nachfolgenden »radionuklidventrikulografischen« TÜV meines Herzens (der glücklicherweise einigermaßen günstig ausfiel), komme ich endlich dazu, auf Ihren Brief vom 14. April zu reagieren.
Ihre abschlägige Antwort habe ich sofort an Lisl Rizy weitergeleitet. Sicherheitshalber möchte icn nachfragen, ob Ihre Kennzeichnung Ihres Briefes an mich als ›vertraulich‹ auch bedeuten soll, daß Sie nicht nur eine Veröffentlichung, sondern auch dessen Kenntnisnahme durch Freunde und Bekannte von mir nicht wünschen. In diesem Falle hätte ich mich bei Ihnen für eine mehrfache Mißachtung Ihres – mir jedoch nicht bekannten – Wunsches zu entschuldigen. Der letzte derartige Fall liegt noch gar nicht lange zurück:
Zusammen mit meinem Buche gab ich dem von mir sehr verehrten Genossen Musikwissenschaftler Georg Knepler eine Kopie Ihres Briefes. Ich erwähne dies auch deshalb, weil er mir bei dieser Gelegenheit Ihr Gedicht »Rote Sommer« vortrug – nein, nicht vortrug, sondern Zeile für Zeile in seinem Gedächtnis reproduzierte, dabei sichtlich die Sprache und den Rhythmus und die Bilder genießend, um mich abschließend aber zu fragen, welche Kommunisten Sie meiner Ansicht nach mit diesem Gedicht wohl im Auge gehabt hätten. Leider konnte ich ihm diese Frage nicht beantworten, weil es auch meine eigene Frage ist. Es fehlt uns – Knepler und mir – ein Erlebnis der Art, das Sie zu diesen Zeilen vermutlich angeregt hat.

Zurück zu Ihrem Brief. Ermutigt durch Ihre positive Aufnahme meines Auszuges aus meiner »Anti-Chrustschow-Chronik«, Rákosi betreffend, lege ich dem heutigen Brief einen weiteren Auszug bei, Notizen aus dem Jahre 1953 zu zwei damals neu erschienenen Büchern, vor allem zu Ehrenburgs »Tauwetter«, hoffend, daß auch diese Seiten Ihr Interesse finden.
Ich verabschiede mich mit den besten Wünschen für einen fruchtbaren und zugleich erholsamen Sommer,

Ihr
Kurt Gossweiler

Lieber Herr Gossweiler, ich denke, an Heft 22 des Streitbaren Materialismus hatten Sie so viel Vergnügen wie ich. Holz, Jauregui und Eggerdinger zeigen sich von ihrer erfreulichsten Seite. Selbst Jacoby wird ja fast witzig.
Sie haben den Schwachkopf Baumgarten – wer ist Baumgarten? Und warum sagt es die Redaktion uns nicht? – einen Schwachkopf genannt. Recht so. Aber weil Sie auch mit mir wegen der Stalinnote geschimpft haben, erlauben Sie mir die Anmerkung, daß ich Sie übertrieben gelobt finde, wollte ich sagen, daß nun keine Fragen zu der Sache mehr übrig sind. Gab es je eine mindeste Aussicht auf eine andere deutsche Einheit als eine auf bürgerlicher Basis? Und wenn es eine solche Aussicht nie gab: War das uns vorgeschriebene nationale Geplapper der Kultur und der Denkkultur der DDR förderlich, oder tat es ihr nicht vielleicht Abbruch?
Der ganze Einfall verstieß gegen den simplen Grundsatz: Man geht nicht als der schwächere Partner in ein antagonistisches Bündnis. Wahrscheinlich war es für mich, der ich noch in der BRD lebte, leichter zu erkennen, daß Deutsche Einheit auch schon damals einfach ein weiteres Wort für Konterrevolution war. Und mit Konterrevolution, sollte ich meinen, spaßt man nicht. Diese Nationalhymne von Becher, dieser Kampfgesang mit dem allzubald schon unaussprechlichen Text, hat die Melodie unserer Geschichte von Anfang bis zum Schluß verstimmt. Es wäre zu höflich, sie bloß peinlich zu nennen. Sie hätte nie sein dürfen.
Daß Berija Revisionist geworden war, scheint mir nach anderen politischen Handlungen, die ich von ihm kenne, mehr als nur glaublich. Wenn Sie drollig finden, daß der Revisionist Chruschtschow den Revisionisten Berija sollte beseitigt

haben, weiß ich, daß Sie wissen, wie üblich das ist. Ich erwähne Breshnew/Chruschtschow und Kádár/Nagy und höre nun davon auf.

Ein zweiter Punkt, von dem Sie meinen, ich verstände mich nicht auf ihn, ist das »Gossweilersche Gesetz«. Ich nehme mir und raube Ihnen die Zeit, diesen Stoff durchzusprechen.

Es ist, denke ich, ein Mangel, daß Sie das nie fehlende Statthaben von Revisionismus innerhalb des Marxismus – also eine Dauererscheinung – aus vielen jeweiligen Kombinationen verschiedenster Ursachen erklären, statt aus einem generellen Gesetz. Was stets ist, kann nur einen Grund haben. Sie nennen den Grund auf Seite 309 selbst: Der Kapitalismus entsteht spontan; den Sozialismus muß man machen, und er ist deshalb schwer zu machen.

Ich wieder schreibe (in »Maßgaben« pag 908) ganz analog vom Absolutismus folgendes: Feudalismus und Kapitalismus bilden sich auf natürliche Weise; der Absolutismus muß politisch hergestellt werden. Er ist, sage ich, »fortwährend bedroht und immer im Zustand der Verteidigung«.

Aus dieser Voraussetzung, auf der wir beide fußen, folgt, daß für die nicht gewachsenen, planmäßig durchzusetzenden und also auf Fähigkeit der Führung angewiesenen Herrschaftsweisen regelmäßige historische Rückschläge unvermeidlich sind. Soziologische Gründe wie kleinbürgerliche Einflüsse, Arbeiteraristokratie, Kretinisierung der Intelligenz (zumal der künstlerischen), Bestechung durch das Kapital bewirken die Rückschläge im Sozialismus. Aber sie bewirken diese Rückschläge eben nur, weil die sich, der Natur des Sozialismus nach, bewirken lassen.

Wenn Sie diese Aussage nicht als »Gossweilersches Gesetz« deklariert wollen, biete ich sie Ihnen als »Hacksches Gesetz« an, und im folgenden Wortlaut. »Für den Sozialismus ist das

Vorhandensein einer opportunistischen Opposition so selbstverständlich wie für den Absolutismus die Existenz einer Fronde«. (Übrigens ist eine opportunistische Opposition meist eine recht und linke Opposition, also eine Fronde. War es nicht eine recht und linke Opposition, die es Ulbricht auf dem 14. Plenum des VII Parteitags besorgte?)

Länge, lieber Herr Gossweiler, verleitet zu Länge. Ich fahre also fort, mit Gegenständen, an denen nun aber, hoff ich, gar nichts mehr strittig ist.

Unter den Gründen, die Sie für die Entstehung revisionistischer Anfälligkeiten während des Krieges auflisten, fehlt mir der wichtigste: Die Abweichungen vom Marxismus, die Stalin zuließ (und die eine große Sittenverderbnis in Gang setzten),

– um der russischen, slawischen, vaterländischen Seele zu schmeicheln, und

– erpreßt durch die Alliierten, welche auf »demokratischen«, »antifaschistischen« Phrasen insistierten, von der Rehabilitation der Kirche bis zur modernen Musik. Stalin war erpreßbar. Den Nazikrieg konnte er notfalls allein gewinnen, aber Churchill hatte jederzeit die Möglichkeit, das Bündnis zu kündigen oder zu wechseln, und einen Krieg gegen den vereinigten Weltimperialismus konnte Stalin nicht mehr gewinnen.

Solche Sauereien führt man ein, aber es ist fast unmöglich, sie anschließend wieder loszuwerden. Stalins letzte acht Jahre gelten der Augiasarbeit der Wegräumung dieses kriegsbedingten taktischen Mists. Vergeblich.

Das Buch, dessen Erscheinen alle theoretischen und didaktischen Zwecke des gegenwärtigen Augenblicks optimal erfüllen würde, das sozusagen »methodisch dran« wäre und zu dem das Ihrige die bisher wichtigste Vorarbeit darstellt,

ist: »Geschichte der KPdSU (B), kurzer Lehrgang«, mit zwei Bänden nämlich, einem Aufstiegsband bis Stalins Tod und einem sinkenden bis zur Auflösung der Partei durch Gorbatschow und Jelzin.
Es wird geschrieben werden.
Und noch eine Kleinigkeit, weil ich von dem Fall ein bißchen betroffen war: Haben Sie je herausbekommen, wer die Biermannaffaire ins Werk gesetzt hat? Ich halte dafür, daß Biermann nicht für die Staatssicherheit, nicht für das KGB und nicht für den ZK-Apparat gearbeitet hat, sondern – ebenso wie Hermlin – für Honecker persönlich. Alles deutet darauf hin und bleibt doch leider Vermutung. Die Ereignisse von 1976 sind jedenfalls eine Doublette zu denen von 89, nur daß hier die Posse der Tragödie vorausging.
Meine Adresse für die nächsten vier Monate lautet: P.H., Fenne, 15806 Groß Machnow. Das Telephon ist 033708-20857, vormittags. Ich vermerke das für unvorhergesehene Fälle. Ich habe nicht im Sinn, an der Eröffnung einer Korrespondenz schuldig zu werden.
Das Wetter ist der Feind der alten Leute. Ich wünsche Ihnen einen guten Sommer und viele gute Laune. Ich grüße Sie sehr.

Ihr
Peter Hacks

Lieber Herr Hacks,

Ihr Brief, der nun schon acht Wochen lang auf Beantwortung warten mußte, hat bei mir – wie alle Sendungen, die ich bislang von Ihnen erhielt –, eine große freudige Überraschung ausgelöst. Diesmal war die Freude sogar besonders groß, weil Ihr Brief ob seiner Kritik an manchen meiner Ansichten Anregungen gab zu weiterem Nachdenken und Auffrischung und Vertiefung von nur noch nebelhaft vorhandenen Geschichtskenntnissen, aber auch zu einem kritischen Durchdenken Ihrer Analogie zu Sozialismus und Absolutismus und anderem.
Zunächst aber zu dem, worin wir völlig übereinstimmen.
Es wäre zu nennen die gemeinsame Freude über das Heft 22 des »Streitbaren Materialismus« und die Übereinstimmung in der Kennzeichnung des Benjamin Baumgarten, mit Klarnamen Felix Wemheuer.
Sie fragen danach, wer das ist, und weshalb die Redaktion das nicht mitteilt. Weder die Redaktion noch ich kann über diese Frage Auskunft geben. Der Verlag erhielt im Herbst 96 von Wemheuer seinen Artikel, unterzeichnet mit seinem wirklichen Namen. (S. Anlage: Kopie der letzten Seite seiner Zuschrift vom 1.6.96, gezeichnet Felix Wemheuer.) Stefan Eggerdinger schickte mir diesen Artikel zu mit der Bitte, meine Meinung dazu zu äußern. (S. Kopie des Eggerdinger-Briefes.) Das Ergebnis war meine Ausarbeitung zur Stalin-Note. Noch 1996 rief eines Tages Wemheuer bei mir an, um mir zu sagen, er wünsche, daß sein Aufsatz unter dem Namen Benjamin Baumgarten erscheint. Bei dieser Gelegenheit fragte ich ihn, ob er verwandt sei mit der sozialde-

mokratischen Frau Wemheuer, die kürzlich in einer Talkshow oder einem Interview im Fernsehen zu sehen und zu hören war. Ja, sagte er, das sei eine Verwandte von ihm (seine Schwester, wenn ich das noch richtig in Erinnerung habe). Ich nehme an, daß sein Wunsch, nicht mit seinem Klarnamen in dieser Zeitschrift zu erscheinen, etwas mit dieser Verwandtschaftsbeziehung zu tun hat. Mehr aber wissen wir nicht über ihn. Aber falls Sie über bestimmte graphologische Kenntnisse verfügen, können Sie weiteres aus seiner Handschrift herauslesen. (S. die Kopie seines Briefes an Hanfried Müller v.26.10.97, Rückseite der Kopie seines Manuskripts mit Namen und Datum 1.6.96.) Diese Handschrift hat in mir den leisen Verdacht wachgerufen, sein Artikel sei vielleicht gar nicht alleine sein Produkt. Bestärkt wurde dieser Verdacht durch einen zweiten Brief an Hanfried Müller, diesmal von Heiner Karuscheit (den ich ebenfalls in Kopie beilege). Ich stimme ihnen auch darin zu, daß Stalin eine Abweichung zum russischen Nationalismus zuließ; (vielleicht ist er ihm sogar partiell selbst erlegen). Meine stärkste Begegnung mit dieser Abweichung hatte ich, als wir – Berliner SED-Funktionäre und Genossen des ZK – etwa Ende 1947/Anfang 1948 den sowjetischen Film »Tsushima« (ich glaube, so war sein Titel, auf jeden Fall stand die Niederlage der russischen Flotte im russisch-japanischen Krieg 1905 im Mittelpunkt) ansahen. Ich traute meine Augen und Ohren kaum, was ich da zu sehen und zu hören bekam: nicht, wie im »Panzerkreuzer Potemkin«, den Klassenkampf zwischen unten und oben, sondern die einmütige Verteidigung des zaristischen Vaterlandes durch die gesamte Besatzung vom Schiffsjungen bis zum Kapitän! In einem hinterher geführten Gespräch mit Kurt Hager gab ich meiner Verwunderung und meinem Nichteinverständnis Ausdruck über diesen nationalistischen

»Ausrutscher«. Aber zu meiner großen Überraschung sah das der andere Kurt gar nicht so, sondern wollte mir klarmachen, daß ich das falsch sähe, wovon er mich aber nicht überzeugen konnte. Der Film war gewissermaßen der dramatisierte Trinkspruch Stalins bei der Feier des Sieges über das militärfaschistische Japan 1945, in dem er, wie vielleicht erinnerlich, sagte: »Diese Niederlage (von 1905) lastete auf unserem Lande als ein schwarzer Fleck. Unser Volk glaubte daran und wartete darauf, daß der Tag kommt, da Japan geschlagen und der Fleck getilgt wird. 40 Jahre haben wir Menschen der alten Generation auf diesen Tag gewartet. Und nun ist dieser Tag gekommen.«
Auf die von Ihnen festgestellten anderen Abweichungen Stalins vom Marxismus komme ich weiter unten.

Nun zu den Punkten, in denen ich, so gerne ich es täte, mich Ihren Ansichten nicht anschließen kann oder wo ich einfach Fragen habe.
Sie fragen: »Gab es je eine mindeste Aussicht auf eine andere deutsche Einheit als eine auf bürgerlicher Basis?«
Meine Antwort: Nur wer Fatalist ist und meint, so wie es kam, mußte es kommen, eine andere Möglichkeit hat die Geschichte nicht bereit gehabt, kann diese Ihre Frage mit einem »Nein« beantworten.
Was mich und alle meine Genossen betrifft, so waren wir lange – ich bis in die Anfänge des Jahres 1989 hinein – davon überzeugt, daß es nur *eine* Herstellung der Einheit Deutschlands gäbe – die auf sozialistischer Grundlage. Denn erstens hatte ich bis dahin noch die Hoffnung, ja, die Überzeugung, in der Sowjetunion gäbe es noch genügend gesunde Kräfte, um Gorbatschow zu stürzen und die SU wieder zur zuverlässigen sozialistischen Führungsmacht und Verteidigerin

aller sozialistischen Länder, damit auch zur Garantiemacht der DDR gegen jegliche Versuche der Annexion durch die BRD zu machen. So lange ich die Auslöschung des Staat gewordenen Sozialismus in Europa und in der Sowjetunion für unmöglich hielt, so lange konnte es für mich keine andere Einheit Deutschlands als die eines sozialistischen Deutschland geben. Und ich kann mir niemand vorstellen, der, vom Sieg des Sozialismus über den Imperialismus und davon, daß, wie es Ulbricht einmal formulierte, der Sozialismus keinen Bogen um die BRD machen wird, überzeugt, dies anders sehen konnte, ohne gegen die Gesetze der Logik zu verstoßen. Und wenn ich in Ihren »Maßgaben« in »Über Hacks und die Welt« auf S. 998 lese, daß Sie auch noch für das Jahr 2100 eine DDR und ein DDR-Drama voraussehen, gehörten Sie dann – zumindest zum Zeitpunkt, da Sie das niederschrieben – nicht auch zu dieser Sorte von »Illusionisten« über den weiteren Verlauf der deutschen und der Welt-Geschichte?

Sie fragen in Ihrem Brief weiter: »Und wenn es eine solche Aussicht nie gab: War das uns vorgeschriebene nationale Geplapper der Kultur und Denkkultur der DDR förderlich, oder tat es ihr nicht vielleicht Abbruch?« Daß Walter Ulbricht darauf beharrte, das Ziel eines einheitlichen Deutschland in der Verfassung zu belassen, fand ich und finde ich noch immer in Ordnung. Das war für mich kein »nationales Geplapper«. Ein solches begann erst unter Honecker, und es hat uns natürlich geschadet, weil es zu sumpfiger Aufweichung der Klassenposition und zur Anbiederung selbst an reaktionäre bürgerliche Kreise führte. (Ich lege dazu eine Antwort auf eine Anfrage zur Politik der SED in der nationalen Frage aus dem Jahre 1995 bei.)

Sie haben weiter geschrieben: »Der ganze Einfall« – gemeint sind offenbar die Stalin-Note von 1952 und spätere Konföderations-Vorschläge – »verstieß gegen den simplen Grundsatz: Man geht nicht als der schwächere Partner in ein antagonistisches Bündnis.«
Das würde ich so absolut nicht sagen, denn: War nicht auch die Anti-Hitler-Koalition ein antagonistisches Bündnis, in dem die Sowjetunion der schwächere Partner war? Und dennoch war es kein Bündnis, das etwa zu unserem Nachteil gereichte. Die Tatsachen belegen, daß Stalin sich auf kein Bündnis einließ, daß der anderen Seite Gewinne auf Kosten der eigenen Seite brachte, den Gegner stärkte und uns selber schwächte. Ganz im Gegenteil: Die Bündnisse, die er mit der anderen Seite einging, schwächten den Imperialismus und stärkten die antiimperialistischen und sozialistischen Kräfte. Und ich bin ganz sicher: Stalin hätte – um dieses Beispiel zu nennen – niemals dem Staatsvertrag mit Österreich in der Form zugestimmt, in der er abgeschlossen wurde: Hier wurde nur preisgegeben und die progressive Seite geschwächt. Solcherart »Entspannungspolitik« begann erst nach Stalin!

Zu Beria und Chrustschow. Natürlich können die beiden konkurrierende Banditen gewesen sein, ich halte das nicht für ausgeschlossen, eher für wahrscheinlich. Aber: Sie schreiben von »anderen politischen Handlungen, die ich von ihm (Beria) kenne«, und darum beneide ich Sie. Ich kenne von ihm nur, was ihm (Beria) von der anderen Seite zugeschrieben wurde und wird; das reicht mir nicht für ein eigenes sicheres Urteil über ihn. Ich brauche dafür nun einmal unbestreitbare, unumstößliche Tatsachen. Chrustschow konnte ich über Jahre hinweg am Werk beobachten, von Beria habe ich nur das Protokoll des Juni-Plenums 1953, »Der Fall Beria«, das nur über seine Untaten berichtet, auf dem er aber selber nicht zu Wort kam; und leider hat man bisher auch versäumt, das Protokoll des Tribunals gegen ihn – (falls ein solches denn tatsächlich stattgefunden hat) – zu veröffentlichen. Vor kurzem nun habe ich in dem Buch von Felix Tschujew: »140 Gespräche mit Molotow« (russisch) Äußerungen Molotows über Berias Haltung im Frühjahr 1953 bei den Beratungen der Sowjetführung über das Verhalten gegenüber der DDR gelesen (und übersetzt; ich lege auch die Übersetzung bei), die für mich das bisher wichtigste Zeugnis in dieser Angelegenheit darstellen.

Um mir die Üblichkeit der Beseitigung eines Revisionisten durch einen anderen Revisionisten vor Augen zu führen, verweisen Sie auf »Breshnew/Chrustschow und Kádár/Nagy«. Diese beiden Beispiele halte ich für nicht sehr gut gewählt. Nach allem, was ich kenne, hat nicht Breshnew Chrustschow gestürzt und hat keinesfalls Kádár dem Nagy den Strick um den Hals gelegt. Zu Breshnew-Chrustschow darf ich auf die Seiten 335 f. meines Buches verweisen. Was Kádár/Nagy betrifft: Habe ich Ihnen in meinem Rákosi-Brief nicht auch die Geschichte der Entführung Nagys nach Bukarest geschildert? Nicht Kádár, sondern der damalige Innenminister Münnich – der alles andere als ein Revisionist war! –, hat damals dafür gesorgt, daß Nagy bekam, was er verdient hatte. Wenn Kádár gekonnt hätte – er hätte auf jeden Fall Nagy davor bewahrt. (Ein sicheres Zeichen für die »Unschuld« Kádárs am Untergang Nagys ist, daß Kádár nach wie vor die Freundschaft des Nagy-Beschützers Tito erhalten blieb.)

Lieber Herr Hacks, »Länge verführt zu Länge«, schrieben Sie mir gleichsam als Entschuldigung – nach nur anderthalb Seiten! Was soll ich da am Beginn einer Seite 5 zu meiner Entschuldigung vorbringen? Vielleicht dies: Nicht so sehr Länge als Problemgehalt verführt mitunter zu Ausführlichkeit und Länge; wenigstens geht es mir so mit Ihren Briefen. Damit komme ich zum spannendsten Gegenstand Ihres Briefes, Ihrer Kritik an meiner Herleitung des Revisionismus aus »verschiedenen Ursachen statt aus einem generellen Gesetz«, und zum »Hacksschen Gesetz«.

Um Ihre Zeit und Geduld nicht noch übermäßiger zu mißbrauchen, führe ich meine Eindrücke und Fragen dazu nicht aus, sondern bringe sie zu wenigen Thesen komprimiert hier vor:

Der Revisionismus hat nach meiner Ansicht seine Ursache nicht darin, daß der Sozialismus nicht spontan entsteht, vielmehr »gemacht werden« muß, sondern seine Ursachen liegen – *wie die jeder Opposition* in einer politischen, um die Macht oder um Machterhalt kämpfenden Organisation bzw. Regierung – zum einen in unterschiedlichen Klassen- und Schicht-Interessen, zum anderen darin, daß nicht allen Menschen gegeben ist, mit gleicher Konsequenz und Ausdauer zu kämpfen. Anders gesagt: Die Ursachen liegen in der Struktur der Gesellschaft und in der Natur der Menschen.

Ich verzichte darauf, aus Ihrem Brief noch einmal zu zitieren den Wortlaut des Gesetzes, dem Sie Ihren Namen gaben, und die Erläuterung dazu.

Mein Eindruck ist, daß Sie dem Absolutismus unter den Ausbeuter-Herrschaftsweisen eine Sonderrolle zuschreiben, die ihm nicht zukommt, andererseits eine Gemeinsamkeit mit dem Sozialismus, die er nicht besitzt.

Jede Herrschaftsweise in der Klassengesellschaft hat ihre »Fronde«, ihre Opposition, weil diese Opposition die Folge objektiv gegebener Interessenkonflikte ist.
Keine Herrschaftsweise wird *anders* als *politisch* hergestellt, *jede* Herrschaftsweise *erwächst* aus dem Kampf der Klassen und erhält ihre Eigenart als politischer Überbau von der Spezifik der ihr zugrunde liegenden ökonomischen Basis, um in der Marx'schen Terminologie zu sprechen.
Mit der Beschreibung der Herausbildung der Produktionsweisen Feudalismus und Kapitalismus als »auf natürliche Weise« erfolgt, der Beschreibung des Absolutismus aber als einer »nicht gewachsenen« Herrschaftsweise wird nach meinem Dafürhalten ein untrennbar zusammengehöriger *einheitlicher* Prozeß – bei dem der Absolutismus erwächst und entsteht als Ergebnis des Hinüberwachsens aus dem Feudalismus in den Kapitalismus und zugleich als Instrument dieses Übergangsprozesses –, künstlich auseinandergerissen in eine »natürlich gewachsene« ökonomische Formation und eine »nicht gewachsene«, sondern »politisch hergestellte« Herrschaftsweise.

Lieber Peter Hacks, bitte verzeihen Sie diese Bemerkungen eines pedantischen, unmusischen Historikers. Aber – wer kann schon aus seiner Haut?

Ich bin froh, daß ich anfangs bei der Auflistung dessen, worin ich Ihnen voll zustimme, einen Punkt vergessen habe, den ich jetzt als versöhnlichen Abschluß nachtragen kann: Die Hoffnung auf einen neuen »Kurzen Lehrgang« (der sich aber nicht auf die KPdSU beschränken dürfte!). Die wichtigsten Beiträge dazu sind zwei Bücher von Ludo Martens, nämlich »Die samtene Konterrevolution in der UdSSR« und »Stalin anders betrachtet«. Auf dieses Buch habe ich lange gewartet, und ich sehe meine Hoffnungen noch übertroffen.

Abschließend: Zur Biermann-Geschichte kann ich Ihnen leider gar keine Auskunft geben.

Für Ihre guten Wünsche danke ich herzlich. Ich bin sehr froh über die Korrespondenz, die sich zwischen uns ergeben hat, und ich kann nur hoffen, daß Ihnen nach diesem Brief nicht die Lust an ihrer Fortführung vergangen ist.

Mit sehr herzlichem Gruß,
Ihr Kurt Gossweiler

Lieber Herr Gossweiler, ich bin sehr stark in Verzug und habe Ihnen nun schon zwei Briefe zu beantworten. Ich stelle erfreut fest, daß Sie für ausführliche Darlegungen die Kraft und die Laune noch haben. Ich beeile mich, meine enormen Schulden zu bedienen. Es ist mir aber unmöglich, eine solche Stoffmasse anders als additiv, als bloße unverbundene Aufreihung von Stichpunkten, zu ordnen.

Zu Ihrem Brief vom 12.6.1998

a: Vertrauliche Briefe
Damit die gräßliche Brief-Affaire ganz aus der Welt sei, will ich alle Mißverständnisse vermöge genauer Worte austreiben. »Vertraulich« habe ich einfach als Gegensatz zu »öffentlich« verstanden, ich hätte ebenso gut können »privat« sagen. »Vertraulich« sollte auf keinen Fall »geheim« meinen. Was man nicht den Medien erzählt, wird man ja noch seiner Frau, seiner Geliebten und seinen Freunden erzählen dürfen. Ebenso selbstverständlich hatte ich nicht den Hauch eines Bedenkens gegen die Aushebung eines empfehlenden Zitats erheben wollen. Ich hatte in meinem Brief – ich kann jetzt hier nicht nachsehn – einen Satz mit »Ein Standardwerk ist ...« und »Sie haben das Standardwerk ... geschrieben«; der z. E. hätte sich für einen Prospekt oder auf einem Buchdeckel gut geeignet.

b: Rote Sommer
Das Gedicht hat einen sehr simplen Inhalt: Der DDR-Mensch verreist in seine Datsche, der BRD-Mensch mit Neckermann. Ersteres ist natürlich die feinere Art. Mehr

steht da nicht, außer man läßt sich durch das von Kneplers Scharfsinn aufgespürte Versmaß irreführen. (Es sind hyperkatalektische sechsfüßige Jamben ohne Caesur, also keine Trimeter und keine Alexandriner. Verzeihen Sie die Ausdrücke). Die Irreführung ist natürlich beabsichtigt. Die Bewohner des Sozialismus sind einmal die vornehmeren Leute und haben das Recht auf die vornehmeren Verse.

c: Ehrenburg
Aber Ehrenburg, der ist gar niemand.

Zu Ihrem Brief vom 11.8.1998

d: Berija
Ich will nicht schwatzen. Ich weiß nicht mehr als Sie und habe höchstens Mutmaßungen. Berija leitete unseren Geheimdienst, und Berija baute unsere Atombombe. Leiter von Geheimdiensten neigen, vielleicht außnahmslos, zu opportunistischen (»pragmatischen«) Abweichungen, und Leute, die Atombomben bauen, neigen zu Überschätzung der Technik. Die drei Stasichefs der DDR waren von dem Typ, zu schweigen von solchen Jammerlappen wie Nagib (-Allah) und Markus Wolf. Vielleicht gehören derartige Abweichungen zu diesem Typ, aber vielleicht sollte man diesen Typ nicht regieren lassen. Wir alle beten, daß Andropow so nicht war. – Der Molotowtext, den Sie mir schenken, ist atemberaubend. Ich denke, hier haben wir eine epochale Entscheidungssituation in der Nuß. Was ich über Berija je gesagt habe, sagt Molotow mit dem schlicht und gräßlichen »Er war an Grundsatzfragen nicht besonders interessiert«. Wie viele Männer, darunter reizende, saßen nicht in unserem Politbureau, von denen das gilt und die nun alle eine Mitschuld tragen.

e: Stalins Zugeständnisse

Wo wir, Sie und ich, von den ideologischen Zugeständnissen reden, die der Kriegsgegner, nämlich die Alliierten, Stalin abgenötigt haben, rede ich immer von Irrationalismen, Sie immer von Nationalismen. Das finde ich merkwürdig: Weil das Nationale mit dem Sozialistischen immerhin vermittelbar ist, das Irrationale jedoch keinesfalls.

f: Schwächere Partner

Stalin war, verglichen mit den USA und England, kein schwächerer Partner. Ich halte also aufrecht.

g: Deutsche Einheit

Ich beharre auch hier. Deutsche Einheit kam nur auf sozialistischer Grundlage in Betracht. Folglich hätten wir die BRD vorher ökonomisch besiegen und bis dahin die Sache dilatorisch behandeln müssen. Über Deutschlands Einheit vor dem ökonomischen Sieg der DDR zu reden, war, als hätten wir uns einfallen lassen, die DDR-Mark konvertierbar zu machen. – Obwohl das niemand glauben kann, wir haben es uns ja am Ende einfallen lassen.

h: Absolutismus

Der Absolutismus wird von mir zu Recht als eine Formation besonderer (und dem Sozialismus in struktureller Hinsicht ähnelnder) Art betrachtet. Der Absolutismus konkurrierte mit der bürgerlichen Revolution und das nicht unbedingt zu seinem Nachteil: weil die bürgerliche Revolution zu Cromwells Zeit mit Gewißheit, zu Robespierres Zeit mit höchster Wahrscheinlichkeit eine Übereilung und eine unkluge Vorwegnahme war; sie mußte beide Male zurückgenommen werden. Sehr vergleichbar Ulbrichts Absolutismus, der ein anderes Wort für die Epoche des Sozialismus und gegenüber einem übereilten und vorweggenommenen Kommunismus im Vorteil ist. – Der Thomas Müntzer, mit Ihrer Erlaubnis, erscheint als Ideologe einer bürgerlichen Revolution gegenüber Luther, dem Ideologen des Absolutismus, einfach als Amokläufer. Ich habe immer Ihre Wut darüber geteilt, daß Honecker (einer, den »Grundsätzliches überhaupt nicht interessierte«) sein unappetitliches Lob über Luther und Friedrich auskippte, ohne auch nur zu ahnen, wer diese Leute mögen gewesen sein können. Aber das ändert nichts daran, daß besagte Leute große Leute waren, und keine rückschrittlichen. – Wenn der alte Absolutismus dadurch gekennzeichnet war, daß der Fürst die ausgleichende und regelnde Macht über den sich hassenden herrschenden Klassen Adel und Bürgertum bildete und an der Fronde aus diesen sich hassenden Klassen litt, so bildete Ulbrichts sozialistischer Absolutismus die ausgleichende und regelnde Macht über der herrschenden sozialistischen Klasse der Intelligenz (Forscher, Planer, Leiter) und der herrschenden sozialistischen Klasse des Parteiapparats. Die Instrumente, womit den Widerspruch der sich hassenden sozialistischen Klassen zu stabilisieren, waren 1. der Staatsrat, 2. das Theorem von der moralisch-politischen Einheit. (Die Bauern waren für den Monarchen. Die Arbeiterklasse war gespalten: wenn sie arbeiten wollte, hing sie der Intelligenz an, wenn sie nicht arbeiten wollte, dem Apparat). – Das 14. Plenum zeigte unter anderem den Sturz des Monarchen durch die Fronde. Wer immer und naturläufig vom Sturz durch die Fronde bedroht ist, muß begabt sein; die Geschichte kann es ihm nicht ersparen. Den USA ist wurst, ob Clinton begabt ist. Der DDR war nicht wurst, ob Ulbricht begabt und Honecker unfähig war. Um ein Feind zu sein, genügt im Sozialismus, wenn einer »an Grundsatzfragen nicht besonders interessiert ist«. – Diese Weise, über den Absolutismus zu denken, ist seit ein paar Jahrzehnten von André Müller und mir entwickelt worden; denn jener weiß alles über Shakespeare und Elizabeth I, und ich weiß nicht wenig über die französische Klassik und Louis XIV. Wir stimmen in der Beschreibung des Phänomens vollkommen mit Marx und Engels überein, nicht ganz vollkommen, kann sein, in dessen Bewertung. Der Beweis für die Richtigkeit unserer Denkweise besteht darin, daß ich mit ihr so ungewöhnlich gute Theaterstücke geschrieben habe.

i: Rechts stürzt rechts.
Breshnew war am Sturz Chruschtschows beteiligt und leitete, noch vor Chruschtschows Sturz, den Sturz Ulbrichts ein. Alfred Neumann, wenn ich ihn verstanden habe, sah es so. Ich wollte nicht ausdrücken, Kádár habe Nagy gehängt. Aber als Nagy gehängt war, war sein Nachfolger keiner von denen, die ihn gehängt hatten, so wie auch, als Dubzek verjagt war, sein Nachfolger keiner von denen sein durfte, die ihn verjagt hatten.

j: Biermann
An Biermann, wenn Sie sich entsinnen wollen, haben Sie eine Erinnerung. Während der Konterrevolution, also noch unter Krenz, wurde Biermann eingeflogen, empfangen und instruiert von Dietmar Keller, einem Leutnant des Kulturministers Hoffmann, der damals ein Nest von Lutsch leitete. (Sie treffen Keller heute als MdB, und zwar als besonders widerliches). Nach dieser Szene auf der Treppe des Kulturministeriums eilte Biermann nach Sachsen, gab ein Konzert und sang, daß Krenz zu den »ruchlosen Greisen« auch

gehöre, und Krenz wurde sofort gefeuert und Modrow eingesetzt, so wie es die Russen von Anfang an beabsichtigt hatten.

k: Ludo Martens
Wer immer das sei, darf ich hoffen, daß diese Bücher auf deutsch und eben jetzt erschienen sind? Dank für den Hinweis.

Sie haben, lieber Herr Gossweiler, mir Rede und Antwort gestanden und nun ich Ihnen. Es ist offenkundig, daß wir beide nicht die knappen Reste unserer Leben damit verbringen können, einander Privatkollegs zu halten. Wir haben uns die Neigung unserer Systeme, hoff ich, verständlich gemacht; mehr Nutzen kann so ein Dialog nicht haben, und ich finde den Nutzen nicht gering. Bleiben wir nun bei Dingen, die anliegen. Kongo, Rußland, Kosovo und Clintons Bomben: Es hat um die Welt lange nicht mehr so heiter gestanden.

Ich bin in aufrichtiger Dankbarkeit
Ihr ergebener
Peter Hacks

Lieber Herr Hacks!

Längst schon wollte ich für Ihren so unerwartet ausführlichen Antwortbrief herzlich danken, aber Abhaltungen der unterschiedlichsten Art, darunter die bedenklichste ein – hoffentlich nur vorübergehender – Verlust der von Ihnen bei mir festgestellten »Kraft und Lust für ausführliche Darlegungen« haben das bisher verhindert. Ein aktivierender Anstoß kam indessen durch die Literaturbeilage des ND zur Buchmesse, aus der ich Ihre Auszeichnung mit dem Jugendliteraturpreis 1998 ersah und mich zugleich an der freundschaftlichen Abbildung des Peter Hacks als Kinder beglückender Faun im Baume durch den von mir sehr geschätzten Harald Kretzschmar erfreute. Die Gratulation gilt auch Ihrer »Operette für Schauspieler« nach »Orpheus und Eurydike« und deren Aufführung in Bitterfeld.
Nun zu Ihrem Brief. In völligem Einverständnis mit dessen letztem Absatz werde ich mich nur noch herzlich bedanken für die Klarstellung unter Punkt a: Vertrauliche Briefe, über die sich mein Verleger besonders gefreut hat; will ferner meinem Erstaunen Ausdruck geben über die Feststellung unter c: »Ehrenburg, der ist gar niemand«, und Auskunft geben über Ludo Martens: Er ist Vorsitzender der »Partei der Arbeit Belgiens«. Diese Partei führt seit Anfang der neunziger Jahre in jedem Jahr ein Internationales Treffen kommunistischer Parteien mit anschließendem drei-viertägigem Seminar durch. Ihr Ziel ist es, zur Einheit der internationalen kommunistischen Bewegung auf marxistisch-leninistischer Grundlage beizutragen. Zwei meiner Beiträge in meinem Buch sind Vorträge, die ich in Brüssel gehalten

habe. (S. 233ff., 341ff.) Zu L. Martens lege ich noch zwei Kopien bei: erstens seinen Vorschlag für die Einheit der Internationalen Kommunistischen Bewegung, zweitens einen Auszug aus Martens' Buch »Die UdSSR und die samtene Konterrevolution« mit einem Hinweis auf die Rolle Andropows in Ungarn 1956. Diese Rolle läßt kaum Raum für die Hoffnung, daß durch unsere Gebete erreicht werden könnte, daß »Andropow nicht so war«.

Zum Schluß eine mir etwas peinliche Bitte: Ihr Brief ist bei mir nur noch unvollständig vorhanden, es fehlt ihm die Seite 3. Ich hoffe sehr, daß Sie diese reproduzieren und mir zukommen lassen können, ich möchte den Peter Hacks nicht gerne unvollständig, sondern komplett haben, auch und gerade in seinen Briefen an mich.

Uff! Nun sieht es ganz so aus, als ob ich diesen meinen ersten Computer-Brief, an dem ich seit drei Tagen bastle und der mich unglaublich viel Nerven gekostet hat, weil dieses Wunderwerk der Technik mit mir das gleiche Spiel getrieben hat, das er – nehme ich mal an – mit jedem Anfänger spielt, um zu beweisen, wer hier Herr und wer Knecht ist, erfolgreich zu Ende bringe. Bleibt nur zu hoffen, daß auch der letzte Schritt, das Ausdrucken, gelingt!

Ich grüße Sie sehr herzlich,
Ihr
Kurt Gossweiler

Lieber Herr Hacks!

Im eiligen – und daher wieder mit Schreibmaschine statt Computer geschriebenen – Nachgang zur Information über Ludo Martens in meinem letzten Brief sende ich Ihnen heute den Anfang eines Interviews von Brigitte Hering (ehemalige Mitherausgeberin der Münchener KAZ (Kommunistische Arbeiterzeitung)) mit Ludo Martens, aus dem der Ursprung der Partei der Arbeit Belgiens deutlich wird. (Leider weiß ich nicht, in welchem Jahr das Interview entstand, aber es muß weit zurück liegen, etwa 1993 oder 94.)
Vor allem aber möchte ich Ihnen meine riesige Freude über Ihren Geniestreich mitteilen, mit dem Sie die Herren Oschmann und Berger in die Zwangslage brachten, durch Bert Brecht klarstellen zu lassen, was sie sonst üblicherweise auf den Seiten des ND betreiben – nämlich Klassenverrat.
Wie ich aus vielen Gesprächen weiß, haben Sie damit vielen, vielen, die dennoch ND-Leser geblieben sind, einen Festtag bereitet. Dazu Gratulation und Dank!

Ihr
Kurt Gossweiler

Lieber Herr Gossweiler, mit Ihrem Ludo Martens führen Sie mich ganz schön an der Nase herum. Erst tun Sie, als müsse ich ihn kennen. Dann verschweigen Sie, ob und wo er in Deutsch vorliegt. Dann erfreuen Sie mich mit einer Kopie des Impressums der samtenen Konterrevolution, worin ein Verlag (?) EPO von der langen Pastorenstraße angegeben ist, den kein Buchhändlerkomputer kennt, nebst einem konspirativen Vermittler, Herrn Wauer, dessen Telephonnummer nicht existiert. Wie, lieber Herr Gossweiler, erwirbt man jenen seltenen Menschen Martens?

Dann schicken Sie mir eine Besprechung über L. M. von einem Komputer, welche folgenden schönen Text enthält: »Daraufhin haben sich Tendenzen wie Arrivismus, Bürokratismus, Technokratismus unter Breschnew ständig weiterentwickelt. Es ermöglichte die Entwicklung eines kapitalistischen Sektors in der Gesamtwirtschaft, die sich mit Funktionären in der Partei und im Staatsapparat verbündete. Diese waren korrupt und handelten Hand in Hand mit dem schwarzen Sektor. So kam im Schoße von Partei und Staat eine neue Klasse von Kapitalisten auf«. Wenn das kein trotzkistischer Schwachsinn ist, weiß ich nicht, was ein trotzkistischer Schwachsinn ist. Wenn das keine maoistische Romantik ist, weiß ich nicht, was eine maoistische Romantik ist. Das ist das wiedergekäute Stroh aus dem Pansen der 4. Internationale. – Das Andropow-Zitat ist wohl noch kein endgültiger Beweis gegen Andropow, aber hochbedenklich, wie soll ich das leugnen, ist es.

Zum Novemberwetter meine Gesundheitswünsche. Zu Ihren vielen Komplimenten meinen Dank. Zum neuen Komputer mein Beileid. Anbei die Verlorene Handschrift pag 3.

Wie die PDS als Regierungspartei und das ND als Regierungsorgan sich aufspielen, ist das nicht zum Kotzen? Allerherzlichst,

Ihr
Peter Hacks

P.S. Ich entdecke eben in dem besagten Impressum eine ISBN-Nummer und will es mit der auch noch versuchen; es ist freilich nur die von der Konterrevolution und nicht von Stalin die.

Lieber Herr Hacks,

ausgerechnet *ich* sollte ausgerechnet *Sie* an der Nase herumführen?! Das trauen Sie mir hoffentlich im Ernst nicht zu. Falls Sie bei mir das Eine oder Andere verwundern sollte – bedenken Sie mein Alter und registrieren Sie es allenfalls als Symptome beginnender Vergreisung.
Ich hole also nach, was ich an deutlicher Auskunft versäumt habe: Beide von mir genannten Bücher von L. M. liegen in Deutsch vor. Beide sind erschienen im Parteiverlag EPO in Berchem, Belgien. Beide finde ich sehr nützlich, was nicht bedeutet, daß ich an ihnen nichts auszusetzen hätte.
Der Text, den ich meinem letzten Brief beilegte, war ein Text *von* (nicht über) L. M., aus einem Interview, das Brigitte Hering mit ihm führte. Korrigieren muß ich: Brigitte Hering hat nichts mit der Münchener KAZ zu tun, sondern war Leiterin der Wissenschaftsseite des ND bis zu ihrem und Holger Beckers Hinauswurf aus der ND-Redaktion.
Ihnen roch dieser Text wie »wiedergekäutes Stroh aus dem Pansen der 4. Internationale!« So sehr ich Ihre verachtungsvolle Ablehnung des Trotzkismus teile – wie Sie aus beigelegtem Brief an einen führenden Mann der »Marxistisch-Leninistischen Partei Deutschlands« (MLPD) ersehen können –, und so sehr ich Ihnen rechtgeben würde, wenn dieser Text auf die Sowjetunion der Stalin-Ära gemünzt wäre – ist er aber nicht; er versucht vielmehr eine Antwort auf die Frage zu geben, auf wen und auf welche Schichten und Gruppen sich Chrustschow und seine Nachfolger stützen konnten bei der Zerstörung des von Stalin Aufgebauten, bei der Demontage der sozialistischen Staatsordnung in der

Sowjetunion. Das ist eine nur zu berechtigte Frage, die auch mich sehr beschäftigt. Ludo Martens' Antwort ist dabei sicher nicht das letzte Wort, sie ist mir selber zu pauschal und selbstsicher. Aber daß die Hauptstützen der revisionistischen Usurpatoren in den Apparaten von Partei, Staat und Wirtschaftsführung und bei einem wachsenden Teil der Intelligenz zu finden sind – dessen bin auch ich sicher.
Zu Wauer: Die angegebene Telefon-Nr. gibt es wirklich nicht. Es handelt sich dabei um seine frühere Telefon-Nr. [im Typoskript gestrichen: um das Telefon im nicht durchgehend besetzten Büro der winzigen, 1990 gegründeten KPD, deren Vorsitzender Hans Wauer zeitweilig war.]
Ich habe Wauer auf der Konferenz der Partei Ludo Martens' in Brüssel 1993 kennengelernt und bin seitdem in Kontakt mit ihm, aber ohne seiner Partei beizutreten. Ich lege deren Selbstdarstellung bei.
Wauer ist besser als im Büro mit seiner Privatnummer zu erreichen; hier ist sie: [...]. (Lassen Sie sich nicht irritieren durch die Frauenstimme, die zunächst sehr amtlich zu Ihnen spricht: »Bitte warten, Sie werden verbunden!«) Seine Adresse ist: [...], falls Sie Ihre Bestellung schriftlich aufgeben wollen.

Was die neuen Regierungssozialisten und das ND angeht: Ja, Sie haben recht, man kann da eigentlich nur Liebermann zitieren. Aber das ist erst der Anfang!
Vielen Dank für die Nachlieferung der verlorengegangenen Seite 3! Und was den Komputer angeht: Sie sehen an diesem Brief, daß es zunächst einmal 1:0 für ihn steht! Aber ich lasse nicht locker! Ganz herzliche Grüße,

Ihr
Kurt Gossweiler

Lieber Herr Gossweiler, Ludo Martens und EPO sind in den deutschen Komputern unvorhanden, auch wenn man die ISBN-Nummern weiß. Aber Herr Wauer lebt, und Frau Wauer hat versprochen, mir zu helfen.
Entschuldigen Sie die Mühe, die Sie mit der Sache hatten.
Ich weiß fast nichts über jene Partei, die sich KPD nennt, und die irgendein Geheimdienst aus Gründen des Markenmonopols mit diesem Namen versehen hat. Es ist ja so, daß auf den Namen KPD alles ankommt. Wie, da einmal eine Partei gegründet werden muß, sollte sie denn anders heißen? – Mit beiden Namen, DKP wie PDS, würde man sich doch unweigerlich den Revisionismus ins Nest schleppen. Die MLPD-Verbrecher sind ohnehin außer Betracht.
Über die Frage des »Kapitalismus« in der SU sind wir uns – wie doch hoffentlich immer – völlig einig; ich benötige Ihre tüchtige Argumentation gegen Briese nicht und schicke sie Ihnen zwecks fernern Gebrauchs zurück. Ich habe nicht die mindeste Schwierigkeit, die Breshnew-Honecker-Gesellschaft korrupt oder doch rotten (angegangen) zu nennen. Bloß kapitalistisch, das eben war sie nicht, und Honecker, bemerkenswerter Weise, schreckte vor dem realen Kapitalismus Gorbatschows mit schöner Entschiedenheit zurück.
Ich wünsche Ihnen ein vergnügtes Jahresende und bin, herzlich,

Ihr
Peter Hacks

Lieber Herr Gossweiler, ich schulde Ihnen Bericht über die Martens-Bücher. L.M.s »Stalin« finde ich gediegen und gut. Was mir mißfällt, ist der Titel; was heißt »anders betrachtet«?

Der Titel stimmt ja nicht, das Buch enthält das alte vertraute Stalinbild. Und er ist rezeptionsstrategisch falsch. Man geht nicht vom Stalinbild des Feindes aus, wie wenn es die Norm wäre oder wie wenn es eine Art dazusein auch hätte. Man geht von der Wirklichkeit aus, ohne alles Interesse für den Rest. Ins Deutsche übersetzt lautet der Titel: Wollen Sie doch gütigst entschuldigen, meine Herren Beurteiler, daß ich mich erkühne, über Stalin eine Meinung vorzutragen, welche von der Meinung der Bourgeoisie abweicht. (Es ist so idiotisch wie, eine Zeitschrift »Gegenstandpunkt« zu taufen, die nicht anders denn als »Standpunkt« benamt sein dürfte. Welche Siegeschancen hat kommunistische Agitation mit einem Minderwertigkeitskomplex gleich in der Überschrift?)

Auch die »Samtene Konterrevolution« scheint mir kein glücklich gewählter Begriff. Diese historische Sauerei muß L.M. lange Zeit sehr samten vorgekommen sein, sehr einschmeichelnd. Rolf Vellay hat den Gorbatschow vor der Welt entlarvt im Frühjahr 89. Ich habe ihn im Juni 89 einen erwiesenen Unmarxisten und einen kaukasischen Gewohnheitslügner genannt, habe auch »Perestroika« als das russische Wort für New Age bezeichnet. L.M. hätte im August 89 ruhig etwas weiter sein können als bloß im Zweifel über Gorbatschow. Überhaupt sind seine ersten zwei Abschnitte, der vom September 87 und der vom August 89, voller Zurückweichlereien und zeugen nicht eben von flinkem

Denken. Wo kommt der Bube her? Mit Trotzki, das zu seinen Gunsten, hat er von Anfang an nichts am Hut. Aber nach einer maoistischen Amme scheinen mir seine frühen Bäuerchen doch zu riechen.

Das ganze Buch, so verdienstvoll es durchweg ist, kommt mir nicht wirklich tadellos vor. Noch in den letzten und spätesten Kapiteln redet er von einer »Gorbatschowistischen Klasse«: Kadern, die unter Breshnew zu »Kapitalisten« geworden seien. Bei Johann Nestroy ist ein Kapitalist ein reicher Mann. L.M. hat seinen Begriff vom Kapitalismus nicht von Marx, sondern von Nestroy.

Es scheint nun aber, lieber Herr Gossweiler, als hätten auch Sie das von L.M., daß Sie die Unentbehrlichkeit der Spezialistenklasse übersehen und – ähnlich wie Mao und Hodscha – zu deren Liquidation hinneigen. Aber man kann die intelligente Arbeit nicht von Dummköpfen besorgen lassen. Man kann nicht auf die intelligente Arbeit verzichten. Und man kann ebensowenig hoffen, aus Spezialisten Marxisten zu machen. Was der Sozialismus nur kann, ist: Er kann den Spezialisten ideologisch das Maul verbieten und sie ökonomisch hätscheln. Aus dem hierbei entstehenden Klassengleichgewicht zwischen Spezialistenklasse und Apparatklasse folgt Stalins und Ulbrichts Alleinherrschaft, und folgt beider Erfolg.

Es ist bedenklich und betrüblich, daß unsere klügsten Theoretiker bis heute versäumen, darauf hinzuweisen, daß die sozialistische Gesellschaft Klassen hervorbringt, neue Klassen, sozialistische Klassen. Die revisionistische Gefahr entspringt nicht hauptsächlich den Cidevants aus der Bourgeoisie oder den korrupten Elementen in der Parteiführung. Die revisionistische Gefahr ist verkörpert in den Ökonomen und den Physikern. Sie resultiert nicht aus Fehlerstellen im

Sozialismus, sie resultiert aus dem Sozialismus. Und nicht jeder, der dieses Problem zur Kenntnis nimmt, entschuldigen Sie, ist schon ein Revisionist.
Ich glaube übrigens auch, und weiß, daß ich Ihnen damit vollends mißfalle, daß Chruschtschow die Restauration des Kapitalismus aus Schwäche zuließ, nicht aber aus Tücke betrieb – anders als Gorbatschow, der die Restauration des Kapitalismus im Sinn hatte, beabsichtigte und bezweckte.
Ich hatte vor, Ihnen für die Empfehlung von L. M. zu danken, und bin vom Danken ins Zanken gekommen. Ich wollte, meine Manieren wären besser, und ich bitte Sie, meine Manieren freundlichst übersehen zu wollen. Ich hoffe, Sie hatten eine nette Weihnachtszeit, wünsche auch gute neue Jahre. Sehr herzlich,

Ihr
Peter Hacks

Lieber Herr Hacks,

wenn ich das sich nun verabschiedende Jahr '98 trotz all des Üblen, mit dem es angefüllt war, dennoch in guter Erinnerung behalte, dann haben Sie dazu in ganz besonderer Weise beigetragen. Dafür möchte ich am Ausgang dieses Jahres noch einmal danken; dies umso mehr, als mir mein Buch auch ganz andere Reaktionen eingebracht hat wie z.B. jene, die Sie aus der beiliegenden Kopie eines Briefes von Manfred Wekwerth ersehen können. (Ich hatte ihm mein Buch ausgeliehen, damit er die beiden Stücke zum 17. Juni lesen möge, über den wir ein gutes, kameradschaftliches Gespräch gehabt hatten, wobei es vor allem um »Brecht und der 17. Juni« ging. Nach meinem Weggang hat er sich aber offenbar sofort auf *den* Beitrag gestürzt, dessen Überschrift wohl sofort seinen Unwillen hervorgerufen hat. Jedenfalls brachte mir schon die Post des übernächsten Tages seinen Brief samt meinem Buch.) Ich lege Ihnen auch meine Antwort samt den in ihr erwähnten Materialien bei, die, falls sie Ihnen noch nicht bekannt sind, so hoffe ich, Ihr Interesse finden.
Wenn mich mein Eindruck nicht trügt, dann haben Sie Grund, das Jahr Ihres 70er Jubiläums als ein sehr erfolgreiches einzuschätzen. Dazu meine Gratulation. Von ganzem Herzen wünsche ich, daß Sie Gleiches am Ende des kommenden Jahres von diesem sagen können. Ich grüße Sie mit allen guten Wünschen für Gesundheit und ungebrochene Schaffenskraft,

Ihr
Kurt Gossweiler

Lieber Herr Gossweiler, Sie wissen, daß zwischen Mitte der 50er und Mitte der 70er Jahre das DDR-Theater führend war, führend in Deutschland und der Welt. Die Einführung des reaktionären antirealistischen Bühnenstils, des sogenannten Regietheaters, war das Werk Wekwerths: praktisch im Berliner Ensemble, theoretisch vermöge seiner Dissertation, welche die gegen uns andringenden westlichen Theoreme übernahm. Damals hatte und bis heute hat er sein bißchen Bildung aus der edition suhrkamp und der (seinerzeit dem SPD-Ostbureau unterstehenden) Zeitschrift Theater heute. Ihm zur Seite trat schnell Werner Mittenzwei. Natürlich traue ich weder diesem noch jenem die Charakterstärke zu, den von ihnen herbeigeführten Zusammenbruch des Theaters in der DDR aus eigenem Entschluß herbeigeführt zu haben. Das waren Befehle von oben, und beide erfuhren niemals einen Widerstand. Es war nicht zufällig, daß Wekwerth in der Epoche der nahenden Konterrevolution zum Intendanten des BE, zum Präsidenten der Akademie der Künste und zum ZK-Mitglied aufstieg.
Auch von Brecht, der den 20. Parteitag und die ungarische Konterrevolution unmittelbar vor seinem Tod leider noch erlebte, kann ich Ihnen nicht viel Gutes erzählen. Er geriet über die Chrustschowrede in fast hysterische Begeisterung, und er unterstützte Wolfgang Harich in seinen verschwörerischen Absichten. Diese Angaben mache ich auf Grund von Äußerungen, die er mir gegenüber oder in meinem Beisein tat. Ich denke, daß dieser politisch-moralische Niedergang teilweise auf das Abnehmen seiner geistigen Kräfte zurückzuführen ist, aber wahr ist auch, daß Brecht, bei aller Klugheit und allem guten Willen, zu einem festen und durch-

dachten Weltbild in seinem Leben sich nie hat bequemen mögen.
Also ärgern Sie sich nicht. Ich grüße Sie zum Jahreswechsel, in Erwiderung Ihrer Wünsche.

Ihr
Peter Hacks

Lieber Herr Hacks,

schon wieder ist das Jahreskarussell am 21. März angelangt, am Tage des Frühlingsanfangs – höchste Zeit also, daß ich Ihnen zusammen mit meinem kräftigen Glückwunsch zu Ihrem Geburtstag endlich auch meinen Dank für Ihre beiden ebenso Vergnügen bereitenden wie Nachdenken veranlassenden Briefe zu Ludo Martens und Manfred Wekwerth zukommen lasse.

Zuerst zu Ludo Martens. Ihre positive Einschätzung seines Hauptwerkes freute mich, weil ich sie teile. Ich habe – es ist das nun schon wieder ziemlich lange her – es mit großer Spannung gelesen. Einen seiner – L.M.'s – großen Vorzüge sehe ich darin, daß er sich auf zuverlässige und vielseitige, aber bei uns weitgehend unbekannte Quellen stützt, deren Existenz nun endlich auch bei uns bekannt wird. Ganz wichtig auch sein Trotzki-Kapitel mit Fakten gegen Legenden.

L.M. sind aber auch nicht wenige Fehler unterlaufen, und die Übersetzung ist manchmal ungenau bis unrichtig; das müßte bei einer hoffentlich möglichen zweiten Auflage korrigiert werden. Für mich ist sein schwächster Satz einer, dem Sie sicherlich mehr zustimmen als ich, lautet er doch: (S.342) Chrustschows wahre Rolle sei die einer Art Hanswurst. Aber trotz dieses Satzes mißfällt mir L. Martens ebenso wenig wie Sie mir mißfallen wegen eines anderen Satzes, der Chrustschows Kapitalismus-Restauration als eine Kapitalismus-Restaurations-Duldung aus Schwäche deutet; ich bin da nur anderer Ansicht, nämlich der, daß Sie beide den Nikita gewaltig unterschätzen, und damit genau den gleichen Fehler begehen wie seinerzeit Molotow, Kaganowitsch und alle anderen seiner Gegenspieler, die gerade deshalb auch seine Opfer wurden. Er spielte gekonnt die Rolle des Hanswursts und machte es dadurch schwer, seine wirkliche Rolle als des gerissensten und gefährlichsten Verbündeten der Churchill, Dulles und Eisenhower innerhalb der Festung zu erkennen. (Obwohl es mir auch mit meiner Kritik an Sahra Wagenknechts Chrustschow-Bild nicht gelungen ist, Sie von der Richtigkeit meiner Chrustschow-Einschätzung zu überzeugen, gebe ich die Hoffnung nicht auf, daß mir das doch noch durch die Tatsachen, die ich in meiner Chrustschow-Chronik vermerkt habe, – so diese tatsächlich noch veröffentlicht werden sollte –, gelingt, obwohl ich durchaus registriert habe, wie wenig wahrscheinlich dies der Fall sein wird.)

Ihre Kritik am Titel des Buches war für mich überraschend und sympathisch, überraschend, weil mir ähnliche Überlegungen dazu nicht gekommen sind, sympathisch, weil es eigentlich auch meine Sache ist, den eigenen Standpunkt offensiv zu vertreten.

Aber dreierlei gebe ich in diesem Falle doch zu bedenken: Erstens: Stimmt es denn, daß das Buch »das alte *vertraute* Stalinbild« enthält? Gewiß, für einige wenige, wie Sie und mich und noch einige, ist dieses Bild nicht nur (ur)alt, sondern auch *vertraut* (was einem vertraut ist, dem ist man auch zugetan).

Zweitens: Sie sagen: »Man geht nicht vom Stalinbild des Feindes aus, wie wenn es die Norm wäre ...« Ist es das etwa nicht für alle außer uns Handvoll »Andersdenkender«? Ist nicht für nahezu alle heute Lebenden genau das »Stalinbild des Feindes« seit 1956 – also seit bald einem halben Jahrhundert – »die Norm«, »das alte, vertraute« Bild von Stalin?

Und drittens: Ihre Übersetzung des Titels ist nicht zwingend. Man kann es auch so übersetzen: Man hat Euch eingebläut, das offiziell verkündete Stalinbild sei das einzig wahre und richtige. Es gibt ein anderes, das ihr kennen solltet!
Für mich ist das Wichtigste, daß es ein Buch mit dem vertrauten Stalinbild gibt, mit dem man gegen das Feindbild kämpfen kann. Und wenn ein Titel, der den geistigen Zustand derer, die als Leser zu gewinnen sind, berücksichtigend, so formuliert ist, daß er Neugierde weckt, habe ich nichts dagegen, daß er nicht den eigenen Standpunkt plakativ zum Ausdruck bringt.
Ludo Martens' zweites – eigentlich das erste, zeitlich davor liegende Buch – habe ich noch gar nicht zu Ende gelesen. Über die ersten Abschnitte war ich sehr überrascht – da fand ich Einschätzungen, die so verkehrt und befremdlich waren, daß ich erst gar nicht wußte, was ich davon halten soll, bis ich dann mitkriegte, daß in dem Buch seine Erklärungsversuche, beginnend mit dem Jahr 1987, chronologisch aneinandergereiht sind und damit die Möglichkeit geben, gewissermaßen seinen Reifeprozeß bis zu seinem und seiner Genossen Selbstbefreiung von den maoistischen und albanischen Anfängen eines ultra-sektiererischen Anti-Revisionismus zu verfolgen. Das machte mir das Buch verständlich und wertvoll. Vor dem Weg dieser belgischen Genossen habe ich größte Hochachtung, besonders wenn ich mir ansehe, was Sekten wie die MLPD oder die KPD »Roter Morgen« oder »Roter Blitz«, die den gleichen Ausgangspunkt hatten, heute für eine traurige Gestalt abgeben.

20.3.1999

Lieber Herr Hacks,
hier nun die Fortsetzung unseres Meinungsaustausches zu Ludo Martens und den von ihm behandelten Problemen.

Ihre Ausführungen zur »Klassenfrage« im Sozialismus sind ja bewußt provokant zugespitzt, und natürlich wissen Sie, welche Einwände von Leuten wie mir kommen werden. Und obwohl ich weiß, daß Sie das wissen, bringe ich die erwarteten Einwände vor. Zunächst aber: Woraus schließen Sie, daß Ludo Martens – und ihm folgend auch ich – »die Unentbehrlichkeit« der Spezialisten übersehen »und zu deren Liquidation hinneigen«?

Das »alte und vertraute« Schema der Klassen im Sozialismus kennt zwei Klassen – Arbeiter und Bauern – und als drittes die »Schicht der Intelligenz«. Ihr neues und ungewohntes Klassenschema wird bereichert durch die aus dem Sozialismus hervorgehenden neuen Klassen »Spezialistenklasse« und »Apparatklasse«. Der Klassenkampf im Sozialismus – das muß man daraus folgern –, von dem das Schicksal des Sozialismus abhängt, ist der Kampf zwischen diesen beiden neuen Klassen, in die sich die Schicht der Intelligenz aufgeteilt hat.

Der Begriff der »Spezialistenklasse« birgt aber vielerlei Probleme: Sind die Apparatleute nicht auch Spezialisten? Wieso gehören sie dann nicht zur Spezialistenklasse?

Verkörpert die *ganze* Spezialistenklasse die Gefahr des Revisionismus – oder nur die Ökonomen und Physiker? Wenn aber nur die – wo bleibt dann das gemeinsame Klasseninteresse »der Spezialistenklasse«? Und warum nur die Ökonomen und Physiker? Wieso nicht auch die Diplomaten, Künstler und überhaupt die Kulturschaffenden?

Und wie steht es mit der »Apparatklasse«? Ist das die »Klasse« der »Antirevisionisten«, der »Verteidiger des ML«? Wieso wurde dann aber der revisionistische Umsturz gerade vom Apparat eingeleitet und vollendet? Wieso geht die Spaltung in Revisionisten und Antirevisionisten quer durch die »Spezialisten-« und die »Apparatklasse«?

So originell Ihr Klassenschema ist: Hat es vielleicht doch mehr mit der Freude daran zu tun, mit ihm die Analogie von Absolutismus und Sozialismus auf den Punkt bringen zu können, den Sie mit der Feststellung so formulieren: »Aus dem hierbei entstehenden Klassengleichgewicht zwischen Spezialistenklasse und Apparatklasse folgt Stalins und Ulbrichts Alleinherrschaft, folgt beider Erfolg«, als mit einer exakten Strukturanalyse der sozialistischen Gesellschaft?
Schließlich will mir, lieber Peter Hacks, überhaupt nicht einleuchten, wieso »man nicht darauf hoffen kann, aus Spezialisten Marxisten zu machen«, wie Sie sagen. Wir brauchen hier gar nicht zu theoretisieren – etwa in der Art: warum sollen hochintelligente Menschen nicht imstande sein, sich eine wissenschaftliche Weltanschauung, die ihnen dazu verhilft, ihr Spezialfach noch besser zu beherrschen, zu eigen zu machen? Sie wie ich würden doch mühelos nicht wenige Spezialisten beim Namen nennen können, die sich zu Marxisten entwickelten (nicht »gemacht wurden«, backen kann man sie wirklich nicht).
Jedenfalls wäre für mich eine sozialistische Gesellschaft, die mit ihren Spezialisten keinen anderen Umgang pflegen kann, als den von Ihnen als allein möglich beschriebenen, eine Karikatur dessen, was Marx und Engels im Manifest als Sozialismus beschrieben, und geht auch von einem Menschenbild aus, das dem eines mit der Erbsünde behafteten Menschen nicht gar so fern steht: »Was der Sozialismus nur kann, ist: den Spezialisten ideologisch das Maul verbieten und sie ökonomisch hätscheln.« Nein, so schlimm stand es weder um den Sozialismus noch um die Menschen, sogar in dem unterentwickelten Stadium, in dem sich der Sozialismus bei uns und in der Sowjetunion befand.

Aber ich fürchte, ich bin jetzt schon viel zu ernsthaft auf Sentenzen eingestiegen, die von Ihnen als provokante »bon mots« eingestreut wurden.
Dennoch kann ich einen weiteren Einwand nicht unterdrücken: Sie schreiben: »Die revisionistische Gefahr resultiert nicht aus Fehlerstellen im Sozialismus, sie resultiert aus dem Sozialismus.« Das klingt so, als betrachteten Sie die revisionistische Gefahr als etwas dem Sozialismus unabhängig von Zeit und Bedingungen Innewohnendes. Das läuft dann aber wieder nicht auf den Sozialismus, sondern auf die menschliche Natur hinaus. Denn im Sozialismus, der, nicht mehr von einem überlegenen Imperialismus bedroht, einen erbitterten Klassenkampf um seine Existenz führen muß, sondern der den Zustand – sagen wir mal – einer sozialistischen Umkreisung des untergehenden Rest-Kapitalismus erreicht hat und deshalb in seiner Sozialstruktur der Beseitigung aller Klassenunterschiede schon sehr nahe gekommen ist – wo liegen da die Ursachen für eine Gefahr des Revisionismus? Für mich ist der Revisionismus ein Ergebnis des Klassenkampfes sowohl im Kapitalismus als auch im Sozialismus; er ist ein Widerschein des Kapitalismus in der Arbeiter- und sozialistischen Bewegung – wobei dessen potentielle Stärke in direkter Beziehung steht zur Stärke des Kapitalismus im gegenseitigen Kräfteverhältnis. Das »potentiell« ist wichtig, weil der andere Bestimmungsfaktor für die Stärke des Revisionismus die Konsequenz des antirevisionistischen Kampfes innerhalb der revolutionären marxistischen Bewegung ist. Darin, in dieser Konsequenz des Kampfes gegen den Revisionismus, liegt für mich die Ursache der Erfolge nicht nur der Personen Stalins und Ulbrichts, sondern der von ihnen geführten Parteien und Massen.

Sie schließen Ihren Brief mit einer quasi Entschuldigung dafür, daß Sie vom Danken ins Zanken gekommen seien. Ich wünschte mir, noch viel solchen Zank von Ihnen zu erhalten!
Und natürlich auch noch solch wirklich aufregende Mitteilungen und Einschätzungen wie jene in ihrem Wekwerth-Brecht-Brief. Wie Ihnen nicht entgangen sein wird, gehöre ich zur Kategorie der kulturell unterentwickelten Kommunisten, weshalb für mich alles, was Sie über die Rolle Wekwerths für die Entwicklung des DDR-Theaters, aber auch, was Sie über Brecht schrieben, sehr neu war. Allerdings – ich habe mich oft gefragt: Welche Position hätte wohl Brecht zu Gorbatschow und zur »Wende« eingenommen? Von seiner Chrustschow-Begeisterung wußte ich nichts, dennoch sagte ich mir im Stillen: Wie gut, daß er so früh gestorben ist, daß er nicht in die Gefahr geriet, das, womit er uns gerade auch in der Zeit der Niederlage Mut und Zuversicht gibt, selber zu widerrufen und unzitierbar machen zu können. Zu diesem Ihrem Brief hätte ich wieder die Frage nach Ihrem Einverständnis dazu, in diesen Brief auch Freunde Einsicht nehmen zu lassen?
Und schließlich eine pure Neugierfrage: Wie kommt es, daß die Zeitschrift »konkret«, die alles andere als DDR- oder gar »Stalin-freundlich« ist, gerade Sie zu ihrem gewissermaßen Hauspoeten ausersehen hat? So sehr mich das freut, so sehr wundert es mich. Und ist der stärkste Grund dafür, daß ich »konkret« noch nicht abbestellt habe.

Herzliche Grüße,
Ihr Kurt Gossweiler

Lieber Herr Gossweiler, Sie und ich sind zu alt, um einander noch zu erziehen. Aber wir werden sicherlich niemals zu alt sein, um von einander zu lernen.

Wenn Sie der Welt die Beweise dafür vorlegen, daß Chruschtschow sich als Anhänger des Imperialismus verstanden hat, soll es mich nur freuen.

Wir haben ja keine unterschiedlichen Meinungen über dieses Mannes Taten. Wir bemühen uns ja nur um die Psychologie der Renegaten. Begannen Bernstein, Kautsky, Trotzki, Wehner als Feinde, oder wurden sie es? Mehr Streit ist ja nicht.

Erst bei Gorbatschow ist klar, daß er, spätestens seit seiner Wahl zum Generalsekretär, den Imperialismus bewußt anstrebte. Alles Unheil, das in diesen Tagen über die Menschheit hereinbricht, ist die Folge dessen, was 1985 oder 1989 geschah. Die toten Serben gehen auf Gorbatschows Konto, wie die toten Iraker und die toten Kaukasusvölker auf sein Konto gingen, und man wird ihn unter die großen Massenmörder dieses Jahrhunderts zu rechnen haben.

(Ich denke, daß die Breshnewsche Parteiführung Chruschtschows Weg in den Opportunismus fortsetzte, ohne es noch recht zu beabsichtigen. Der gesellschaftliche Raum, den sie schuf, war so gekrümmt, daß Gehirne wie Gorbatschows Gehirn sich bilden konnten).

Nun zur Klassenlage im Sozialismus. Ich will zu Ihrer längeren Ermahnung keine Gegenbrochure schreiben, vermag aber auch nicht, gar nicht zu antworten. Also ein paar Stichworte und Andeutungen.

Richtig ist, daß der Antikommunismus gern mit der »Apparatklasse« arbeitet. Hieraus folgt nicht, daß, wer die

Existenz einer Apparatklasse feststellt, ein Antikommunist sein müsse. Die Hauptsache ist einzusehen, daß eine neue Gesellschaftsformation, und gar eine eigentumslose, neue Klassen hervorzubringen nicht umhin kann.

Im Sozialismus, sagen Sie, gibt es zwei Klassen, die Arbeiter und die Bauern, und dann die Schicht der Intelligenz. Das, entschuldigen Sie, heiße ich toll getrieben.

Die »Schicht der Intelligenz« stellt, als Direktoren, die Leiter der Produktion, als Wissenschaftler die Hauptproduzenten, und soll aber keine Klasse sein? Die Intelligenz im Sozialismus hat, das ist wie früher, kein Privateigentum. Aber neben ihr stehen inzwischen keine Eigentümerklassen mehr, die im Kapitalismus den hohen Gebrauchswert ihrer Arbeitskraft zur Unwichtigkeit herabminderten. Und soll keine Klasse sein?

Die Arbeiter im Sozialismus haben mit den Arbeitern im Kapitalismus eben noch den Namen gemein, im Grunde gar nichts. Sie produzieren keinen Mehrwert fürs Privateigentum, sie haben, unausgebeutet, wie sie sind, keinen Anlaß zur Revolution. Erzeugung von Gebrauchswert liegt ihnen am Herzen, Faulheit ebenfalls, und es steht nahezu in ihrem Belieben, welches dieser beiden Ziele sie verfolgen. (Es ist aus dieser Verlegenheit, daß wir vorzogen, das kitschige Wort Werktätige zu benutzen).

Der Parteiapparat soll eine Abteilung der Arbeiterklasse sein, keine Klasse für sich? Das Politbureau soll eine Abteilung des Parteiapparats sein, nicht der Vorstand der Gesellschaft? In allen sozialistischen Ländern gibt es Kleinbürger und in vielen Kapitalisten. Weder die noch die ähneln dem, was im Kapitalismus unter diesen Namen auftritt. Die Genossenschaftsbauern sind keine Bauern mehr. Mein Gott, es gibt nicht einmal mehr eine Differentialrente.

Die sozialistischen Klassen können nichtantagonistisch sein. Eine große Neuerung, aber es ist nicht ausgemacht, daß sie es auch sind. Selbstverständlich sind die neuen Klassen die Personnage der neuen Widersprüche des Sozialismus. Dieselben kann er einer Versöhnung zuführen, aber es ist nicht ausgemacht, daß er nicht an ihnen zugrundegeht.

Warum, fragen Sie mich, Spezialisten keine Marxisten sein könnten? Sie sollten sie selbst fragen. Ich nehme an, Naturwissenschaftler haben einen anderen Denkapparat als Gesellschaftswissenschaftler, und es war Ulbrichts größte und verdienstvollste und gescheitertste Anstrengung, aus Parteimenschen zugleich Fachmenschen und aus Fachmenschen zugleich Parteimenschen zu züchten. Er ließ seine Funktionäre den Doktor machen und seine Professoren ML studieren. Die einen wie die anderen, mit verschwindenden Ausnahmen, wollten das nicht. Ehe diese Klassen bereit waren zu verschmelzen, stürzten sie ihn lieber.

Meinen Vorschlag, Spezialisten das Maul zu verbieten und sie aber ökonomisch zu hätscheln, nennen Sie zynisch. Es ist die erklärte Linie der chinesischen Partei, und es ist lang her, daß ich gewohnt war, die zu unterschätzen.

Zum Schluß zu Brecht und zu Gremliza.

Vor dem Gorbatschowismus wäre Brecht zurückgeschreckt. Er liebte die Vernunft, er liebte die Arbeiter, und wenn auch seine Vertrauten sämtlich Trotzkisten waren, so hat ihn doch keiner gegen die Sowjetunion aufzuwiegeln vermocht. Er hätte bei der Konterrevolution natürlich zur DDR gehalten. Was er hierunter verstanden hätte, bleibt freilich offen.

Die Zeitschrift »konkret« war nicht immer, wie sie ist. Sie hat sich in den Jahren 90-93 große Verdienste um die DDR erworben, und irgendwie ist es diesem Blatt gelungen, im Lauf seines Daseins, die wichtigsten deutschen Autoren auf seinen Seiten zu versammeln: Ulrike Meinhof und Peter Rühmkorf, Sebastian Haffner und Arno Schmidt, Hermann Kant und mich.

Der Sündenfall von »konkret« geschah, als es plötzlich den Golfkrieg rechtfertigte, das war neu und kostete Gremliza ein Drittel seiner Leser. Danach nahm Gremliza sich noch einmal ein wenig zusammen. Seit über einem Jahr ist er ein politisches und moralisches Wrack und hat einen Mann zum Redaktionssekretär gemacht, der für Netanjahu schreibt.

Zwei Deutungen lassen sich denken.

– Gremliza hat in Marburg studiert und ist ein Schüler von Abendroth (so wie etwa auch der Finanzminister Eichel).

– Gremliza gehört der CIA oder dem Mossad.

Ich glaube, nicht nur jenes trifft zu, sondern auch dieses. Schriftsteller, die für einen Geheimdienst arbeiten, neigen zu sinnlosen und zwanghaften Ausbrüchen, wenn sie einmal, bei Gelegenheiten, die der Dienst für klassenkampfentscheidend hält, gezwungen sind, ihre Tarnung zu verlassen. Ich kenne diese Art von unplausiblen Eruptionen auch von Hermann Kant.

Meine Gedichte in »konkret« sind leicht zu erklären: Von den Periodika, die bereit sind, diese Gedichte zu drucken, ist »konkret« das größte. Diese Reihe »Jetztzeit« ist einfach das Bündnis zweier Einflußlosen.

Natürlich werde ich mich, sobald ich kann (Ende 99) von »konkret« trennen. Bis dahin habe ich sehr zu leiden unter dem, was Gremliza so schreibt. Aber Gremliza, das ist mein Trost, hat auch sehr zu leiden unter dem, was ich so schreibe.

Noch merkwürdiger als Ihr Trieb, meine Briefe herumzureichen, ist Ihr Trieb, mich auch noch nach Erlaubnis zu fragen.

Ihre Freunde sind auch meine Freunde; wenn Sie meine Überlegungen denselben zu unterbreiten für würdig erachten, so ist das in der Ordnung. Ich vertraue ganz Ihrem Takt und verlasse mich auf Ihr politisches Urteil. Wir wollen uns aussprechen, folglich, hierin werden Sie mir beipflichten, sollten wir uns frei aussprechen.
Sie sind mir gegenüber im Vorteil. Können Sie mir nicht einmal verraten, an welchem Tag Sie geboren sind?

Herzlich grüßt
Ihr Peter Hacks

Lieber Peter Hacks,

Ihr letzter Brief an mich ist vom 30. April dieses Jahres datiert. Ich kann kaum damit rechnen, daß Sie Verständnis dafür aufbringen, erst jetzt darauf ein Echo zu erhalten. Ich versichere Ihnen aber, daß dies keine andere Ursache hat als meine zunehmende Unfähigkeit, meine Planungen auch durchzuführen und einen Mangel an Mut, mich telefonisch bei Ihnen zu melden, um wenigstens auf diese Weise auf Ihr Schreiben zu antworten. Als ihre beiden Gedichte »Denkmal für ein Denkmal« 1 und 2 erschienen, war ich drauf und dran, mich dafür schriftlich bei Ihnen zu bedanken, aber dann kamen die 12 Gysi-Thesen dazwischen, mit denen ich mich termingebunden herumschlagen mußte. Und gleich danach drängte schon wieder der Abgabetermin für ein Referat, das ich zuerst abgelehnt, aber dann auf nachdrückliches Verlangen doch übernommen hatte und mit dem ich mich ziemlich schwer getan habe, was man ihm sicherlich auch ansieht; (ich schicke es Ihnen per Büchersendung).
Meine in diesem Jahr so schlimm wie nie zuvor gewordene Zeitnot erklärt sich vor allem daraus, daß ich unbedingt noch einige Projekte zu Ende bringen will, bevor das letzte Sandkorn meiner Lebensuhr abgetropft ist. Bis weit in den Sommer hinein war ich deshalb voll damit beschäftigt, meine Chronik der Chrustschowiade für den Verlag fertig zu machen, damit eventuell wenigstens ein Teil davon im nächsten Jahr erscheinen kann. Danach beanspruchten mich dann einige Aufsätze für das Organ der Plattform Hannover »Offensiv« – kurzum, heute ist der erste Tag, an dem ich anfangen kann, meine lange Korrespondenz-Schulden-Liste

abzuarbeiten. In gebotener Kürze noch einige Worte zu Themen Ihres letzten Briefes.

Erstens – Chrustschow und die Renegaten-Psyche. Ich bin mit Ihnen ja völlig einig, daß einer nicht von Anfang an Renegat ist. Das steckt ja schon im Begriff des Renegaten. Wie Chrustschow ein Feind wurde, wodurch und seit wann – das weiß ich nicht, da habe ich nur die Vermutung, daß er schon seit längerem einer der oppositionellen Gruppen angehörte. Daß er aber von Anfang seiner Amtsübernahme 1953 an schon zielstrebig auf die Umwandlung der bolschewistischen, leninschen Partei in eine antileninistische, revisionistische Partei hinarbeitete und auf die Zerstörung der Einheit der kommunistischen Bewegung – daran kann für *den* Marxisten kein Zweifel sein, der dieses »Friedenshelden« Handlungen über den ganzen Zeitraum hinweg genau verfolgt und analysiert. Daß darüber bei allen Kommunisten Klarheit herrscht, halte ich deshalb für so wichtig, weil ohne eine richtige Einschätzung Chrustschows und des XX. Parteitages die wirklichen Ursachen für unsere Katastrophe nicht aufgedeckt werden und folglich auch keine richtigen Schlußfolgerungen für die Wiedergeburt einer geschichtsmächtigen kommunistischen Bewegung gefunden werden können – siehe das Drama der DKP. Was Breshnew betrifft: der war durchaus ein Chrustschow-Mann, aber ohne dessen Drang, die gewünschten Veränderungen mit Energie und Tempo voranzubringen. Er hat sich im wesentlichen darauf beschränkt, zu verhindern, daß die von den Revisionisten eroberten Positionen wieder verloren gingen, indem er eine Entlarvung Chrustschows verhinderte und in den anderen Parteien seine schützende Hand über die geschlagenen Revisionisten-Aktivisten, wie Dubček, Husák, Svoboda in der ČSSR, Kádár in Ungarn und Gomułka und seine Nachfol-

ger in Polen hielt. Im übrigen scheinen in seinem Politbüro solche echten Kommunisten, wie Kossygin und Gromyko auf der einen, die Militärs, die den »Sowjetblock« gegen die NATO zusammenhalten wollten zum anderen, noch starke Positionen gehabt zu haben.
Was Gorbatschow betrifft – der ist kein Produkt der Breshnew-Ära, sondern, wie er selbst sagte, »ein Mann des XX. Parteitages«. Er trat ganz bewußt die Nachfolge Chrustschows an. Schon auf der Parteischule freundete er sich mit dem späteren »Prager-Frühlings«-Aktivisten Mlynář an und stand schon 1968 ganz auf dessen Seite.
Auf die »Klassenfrage im Sozialismus« will ich nicht mehr zurückkommen, ich müßte mich damit gründlicher beschäftigen, als ich zur Zeit kann.
Ihre Bemerkungen zu »Konkret« und Gremliza waren für mich – als zwar Abonnent, aber dennoch nur flüchtiger Leser – zum einen recht aufschlußreich, zum anderen erheiternd; desgleichen Ihre Beobachtungen über Schriftsteller, die für Geheimdienste arbeiten.
Da ich »konkret« in den Jahren 1990-93 noch nicht las, hat mich Ihre Mitteilung überrascht, daß diese Zeitschrift in diesem Zeitraum sich große Verdienste um die DDR erworben hat. Gerne wüßte ich, worin die bestanden.
Erst jetzt, da ich Ihren Brief vom April noch einmal las, finde ich, daß Sie schon damals ankündigten, was sich in Nr. 12 von »konkret« nun konkret vollzogen hat – das von Vielen bedauerte Ende der »Jetztzeit«. Daraus habe ich nun zu meiner Genugtuung ersehen, daß dieses Ende – anders als ich zunächst vermutet hatte – durch Sie selbst herbeigeführt wurde und nicht durch den Druck der sicherlich recht zahlreichen über diese Reihe Mißvergnügten auf das »Politbüro«. Der dürfte allerdings – der verteidigenden Aus-

legung Ihrer Gedichte durch Rayk Wieland und der »Reimpatrouille« in Heft 1/2000 nach zu urteilen – nicht gerade gering gewesen sein.
Übrigens scheint »konkret« mit diesem ersten Heft des neuen, – des *letzten* Jahres unseres 20. Jahrhunderts – einen erstaunlichen Schritt hin zu einer Bevorzugung marxistischer Erklärungen der Jetztzeit getan zu haben: Fidel Castro, Manfred Sohn, und sogar Gremliza mit dem Kommunistischen Manifest als deren prophetische Analyse! Mal sehen, ob das nur ein Sonderfall bleibt.
Abschließend: Wieso meinen Sie, ich sei Ihnen gegenüber im Vorteil? Worin eigentlich? Und weshalb? Weil ich einige Jahre früher zur Welt kam? (Zwei Tage vor der Oktober-Revolution, also am 5.11.17.)
In der Hoffnung, daß Sie mir – falls Sie es getan haben sollten – nicht mehr grollen, und mit dem Wunsche für Sie, erholsame Feiertage gehabt und ein gutes, produktives, vor allem auch gesundes Jahr vor sich zu haben, grüße ich Sie herzlich,

Ihr
Kurt Gossweiler

Lieber Herr Gossweiler, ich möchte lieber nie wieder eine Briefzeile von Ihnen erhalten als eine Mitschuld daran tragen, daß Teil 2 der »Entfaltung des Revisionismus« nicht oder nicht rechtzeitig zustande kommt. Was für ein erstaunliches, was für ein atemberaubendes Werk wieder.
Verstehe ich es so richtig: Diese Abhandlung war Ihr Referat auf Flegels verdienstvoller Konferenz, und Sie haben den Teil 2 nicht vorgetragen (aus Platzgründen, oder weil er noch nicht fertig ist), und Sie haben die Anwendung auf die DDR in 1 viele Male versprochen und aber nicht geliefert, und die Korrespondentin des ND hat nur Böhmisch verstanden und über Ihre etwas »abwegigen Darlegungen zu Chruschtschow« berichtet – obgleich aus dem Teil 1 der Teil 2 sich von Jedermann sonder Mühe ableiten läßt, außer er ist Korrespondent des Neuen Deutschland? – Aber das sind Possen.
Für mich bestätigt sich eine geschichtsschreiberische Wahrheit, die ich, wenn überhaupt, erst spät gelernt habe: Eine vollständige und korrekte Kenntnisnahme der historischen Fakten erübrigt fast alle Anstrengung der Kombinations- und Interpretationskunst. Wer von der Wirklichkeit nichts weggelassen hat, muß dann einfach nur noch hinschaun.
Ich sehe dem vollendeten Buch mit Gier entgegen und wünsche Ihnen und mir, daß das Jahr 2000 es uns bringe. Es ist dann mit der Analyse der »Kommunistischen Weltbewegung« wieder ein Hauptkapitel der heute unerledigten theoretischen Arbeit abgetan, und das 20. Jahrhundert endet doch nicht so dumm, wie es meistens war. Mit Dank und Freude,

Ihr
Peter Hacks

Lieber (darf ich: Genosse sagen?) Peter Hacks!

Nun sind schon wieder zwei Jahre vergangen seit Ihrem denkwürdigen 70-Jahre-Jubiläum! Meine herzliche Gratulation zu Ihrem diesjährigen Geburtstag verbinde ich mit dem – leider viel zu späten – Dank für Ihren Neujahrsbrief.
Bis zu diesem Zeitpunkt hatte ich und hatte die Leserschaft von »konkret« ja jeden Monat einmal das Vergnügen, Ihnen zu begegnen mit einem neuen, Herz erwärmenden und Geist erfrischenden Gedicht. Leider müssen wir dieses Vergnügen in diesem Jahr entbehren. Fällt es Ihnen eigentlich nicht auch ein wenig schwer, darauf zu verzichten, diese Jetztzeit auf jene Weise zu begleiten und zu kommentieren? Oder haben Sie eine neue gewichtige Arbeit unter den Händen, die für anderes kaum noch Raum, Zeit und Gedanken läßt?

In Ihrem Brief an mich hatten Sie gefragt, was es mit Teil I und II meines Referates auf der Flegel-Konferenz auf sich hat. Die Sache war einfach so: Das Thema war vorgegeben, aber auch der Zeitrahmen: 45 Minuten. Ich hatte ja auch den guten Willen, das ganze Thema in diesem Zeitrahmen abzuhandeln. Aber als ich die dafür zulässige Seitenzahl erreicht hatte, war ich eben noch nicht weiter, als bis zu dem, was Sie von mir bekamen und was jetzt in dem Protokollband enthalten ist – abzüglich der Passagen zu den Prozessen in Ungarn, Bulgarien und der Tschechoslowakei. Diese Passagen habe ich erst nach der Konferenz ins Manuskript eingearbeitet, weil ich es einfach für notwendig fand, mit der Vermittlung des Wissens darüber endlich auch zu beginnen. Aber mir war auch klar, daß ich mit dem Vorliegenden dem

Versprechen der Überschrift nicht gerecht wurde. Deshalb schrieb ich einfach kühn zum Titel: Teil I, ohne zu ahnen, wie dringend danach nach dem Teil II gefragt werden würde. Ich werde nun nicht darum herumkommen, ihn wirklich auch zu erarbeiten und habe mir das für die zweite Hälfte des Jahres vorgenommen. Übrigens: Die Presse-Kritik am Referat stand nicht im ND, sondern in der Jungen Welt, und sie stammt von einer guten DKP-Genossin aus der Gruppe Nord-Ost. Sie brachte das zum Ausdruck, was mir Klaus Steiniger als seine Kritik schon vorher gesagt hatte: Er sei vom Referat enttäuscht, weil ich fast nichts zur DDR gesagt hätte. (Bei der Bewertung dieser Kritik ist zu berücksichtigen, daß sie ja das Referat ohne die Passagen über die Prozesse betrifft.)

Was sagen Sie zu den Querelen in der »jungen welt«? Ich fürchte, *diese* Krise – die wievielte eigentlich? – endet mit dem Ende der »jw«. Das wäre wirklich ein Verlust, so vieles mir an diesem Blatt auch mißfallen hat (die Hinneigung mancher Redakteure zu Trotzki, die unbegreifliche Öffnung der Zeitung für die Harald-Wessel-Zumutungen, die Vorliebe für das sonderbare Phänomen Branstner und noch einiges andere). So ganz sehe ich nicht durch, was die Hintergründe dieser jetzigen Krise sind. Vielleicht liegts daran, daß sie – wie fast alle linken Blätter – vorläufig, noch ohne wirkliche Verwurzelung in den »Massen«, vor allem eine Intellektuellen-Spielwiese ist?

Ich wage es, Ihnen wieder einigen Lesestoff beizulegen; er soll Sie aber nicht zu der Annahme verleiten, ich sei Mitglied der KPD, deren Heft ich beilege. *Noch* bin ich Mitglied der PDS, da selbst nach meinem Kommentar zu den

Gysi-Thesen keine neue Forderung nach meinem Ausschluß erhoben wurde. Nach dem nächsten Parteitag dürfte es allerdings kaum noch mit einem kommunistischen Gewissen zu vereinbaren sein, dieser Partei noch länger anzugehören.

Nochmals alle guten Wünsche zum neuen Lebensjahr! Und herzlichen Gruß,

Ihr
Kurt Gossweiler

Lieber Herr Gossweiler, vielleicht machen wir es so: In Geburtstagsbriefen nennen Sie mich immer Genosse, und dann fühle ich mich immer geschmeichelt.
An dem Teil II ist mir ganz dringend gelegen. Ich verstehe, daß Sie sich bis zum Jahresende Zeit nehmen müssen, aber es ist von allen Themen wahrscheinlich das wichtigste, und ich möchte mich hiermit für die Liste der Erstempfänger vorangemeldet haben.
Zur Zeit sammle ich Beispiele von Fällen offener konterrevolutionärer Agitation in der DDR durch Armee-Instrukteure, Regierungsmitglieder und Mitarbeiter des Kulturministers, die bis ins Jahr 1983 zurückreichen. Jeder dieser Vorfälle erlaubt nur einen von zwei Schlüssen: Entweder hat die Staatssicherheit sie der Parteiführung bewußt verschwiegen, oder die Parteiführung selbst hat vor Gorbatschow Gorbatschowistische Ziele verfolgt.
Die j.W. habe ich immer nur in Stichproben wahrgenommen; für regelmäßige Lekture war sie mir zu langweilig. [...] An Becker und Pirker war mir immer die Stalinphobie ärgerlich, übrigens ist Becker, wenngleich ein ausgezeichneter Journalist, ein miserabler Leiter. Ich vermute, die Geldgeber werden sorgen, daß j.W. weitergeht und weiter schlecht geht.
Das »Phänomen Branstner-Köhler« wird man zu dulden haben.
An Nina Andrejewa hatte ich ebenso große Hoffnungen gesetzt wie Sie, und bin ebenso enttäuscht worden. Sie gehörte damals Ligatschow, der ja noch Duma-Abgeordneter ist, warum aber schweigt er? Für den Neudruck von Wauer danke ich sehr. An die Entgegnung der Prawda habe ich

mich nicht erinnern können. Sie ist ein sehr exemplarisches Beispiel für Parteiliteratur als Brechmittel.
Das Gorbatschowzitat aus seiner Rede in Ankara 1999, das Sie in Ziegenhals gegeben haben, erübrigt jede weitere Kenntnisnahme seines lebenslangen Wort- und Redeschwalls. Falls Sie eine unanfechtbare Quelle wissen, wäre ich Ihnen für eine gelegentliche Nennung verbunden.
In welcher Partei einer ist, ist, glaub ich, zur Zeit nicht wichtig. Untadlige Frauen und Männer befinden sich heute in fünf bis sieben Vereinigungen (und häufen sich in keiner). Die Wiedergeburt der KPD wird erst dringlich, wenn die Revolution zu drängen beginnt.
Und für mich wird es auch dann wieder der Ort nicht sein.
Ich wünsche Ihnen Kraft und langes Durchhalten und bin,

herzlichst, Ihr
Peter Hacks

Lieber Herr Hacks,

anbei die versprochenen Kopien aus dem Buche des genialen Branstner und meine Notizen, die ich mir nach einem denkwürdigen Gespräch mit Kuczynski machte.
Viel Spaß beim Lesen!
Und viele gute Einfälle beim Produzieren!

Herzlich,
Ihr Kurt G.

Lieber Herr Gossweiler, ich habe einmal eine – nicht allzu systematische – Liste der Punkte aufgestellt, in denen ich über den Imperialismus Meinungsverschiedenheiten für möglich halte; sie liegt hier bei. Worüber Kuczynski und Sie einig waren, war der Punkt 15; total geblödelt hat Kuczynski im Punkt 20. Er schwankt in 3.
Die Uneinigkeit über Klein bzw. Reinhold diagnostizieren Sie natürlich richtig als Folge außerfachlicher Gesichtspunkte, so ist sie der interessanteste Teil dieser dankenswerten Mitteilung.
Branstner ist ulkig. Ich gebe aber zu, daß man ihn vielleicht doch lange genug ertragen hat. Leidliche Gesundheit und gute Arbeit wünscht Ihnen

Ihr
Peter Hacks

STREITPUNKTE IN DER IMPERIALISMUSFRAGE
nebst einigen vorhandenen Antworten [handschriftliche Ergänzungen von Hacks sind kursiv hervorgehoben]

1 Ist Imp gleich Neoliberalismus oder gleich Stamokap, (nämlich dieser aus dem entstanden)?
Freihandel oder Schutzzoll?
Milton Friedman oder *Maynard* Keynes?
Nein: Beides ist von Anfang an immer dasselbe, nur in wechselnden Phasen oder Mischungen. Lutz Maier. (Auch Hilferding).

2 Gehört der Staat den Monopolen oder in vergleichbarem Maße sich selbst? (Wem dann? Reinhold und Petrak: der Demokratie!)
Stalin, Pol.Ök 292, Ulbricht: Den Monopolen.

3 Konvergenz. Ist der Soz dasselbe wie der Stamokap bei nur anderen Eigentümern? Lenin mißverständlich, *nur betriebswirtschaftlich gemeint*: Ja. Ulbricht: Keineswegs. (Was mit Aktiengesellschaften? Was mit militär.-industr. Komplex? Was mit Völkerfreundschaft? Was mit techn. Fortschritt, Bildungsniveau, Demokratie?)

4 Gibt es den reinen Imperialismus? – Nein, aber Schröder versuchts. Alle gegen Luxemburg. Aber sind nicht Ulbrichts »andere Zwecke« im Sozialismus was sehr ähnliches wie Luxemburgs »andere Personen«?

5 Die Reinigung der Welt von allen nichtkommerziellen Werten – Kultur, Kunst, Wissen, Recht, Nation, Tradition, regionale Spezialisierungen, Landschaft, Umwelt, Sprache, Gesundheit, »seltene Handwerker« (DDR), Denkmäler –, der Zwang zu Dummheit, Lüge, Medien – führt das zu Produktionsminderung, zu Krisen?
Ulbricht: Ja.

6 Stirbt der Stamokap, oder muß er gestorben werden? Jedenfalls eins von beiden.
Pol.Ök 292.

7 Lenin vs. Hilferding: Ist Finanzkapital eine Geld- oder eine Industriefrage?

Keine ohne das andere: Ein Produktionsverhältnis, folgend aus und rückwirkend auf Produktivkräfte.

8 Ist der Imp fähig zu Frieden? Zur Koexistenz mit dem Kommunismus?
Warum sollte er? Ulbricht: Nein.
Er ist fähig, auf Zeit Kreide zu fressen.

9 Bedarf der Imp auszurottender Sündenböcke (Minderheiten)? – Sicher. – Sind sie ihrer Beschaffenheit nach beliebig? – Ganz.

10 Können die Monopole im Einverständnis mit einander leben? – Nein. Höchstens taktisch, auf kleine Zeit. Das Supermonopol, der 1-Monopol-Staat, würde nicht halten.

11 Der Kapitalexport – erfordert er nicht eine/jemandes Globaldiktatur?

12 Mindert der Globalismus die Kriegswut und innere Brutalität des Imp? – Nein, wieso?

13 Gibt es Übereinkünfte zwischen Monopolen und Gewerkschaften? – Nur diese einzige: Die Gewerkschaften haben dem Imp in den Sattel zu helfen und werden anschließend von ihm abgeschafft.

14 Läßt sich der Krisenzyklus durch Regulierung abstellen? Reinhold: Ja. Ulbricht, Stalin, Varga: Nein. Hilferding: Ein wenig. Er läßt sich modifizieren, verkürzen. Reinhold: ohne Depression. Stalin: ohne Konjunktur.

15 Kommt die Allgemeine Krise? – Selbstverständlich.

16 Wer gibt den Monopolen Kapital? – Staat? Börse? Banken? Der Staat c/o »Eigenfinanzierung« (Steuern).

17 Gibt es Stamokap, unbegleitet und unverschärft durch Spekulation? – Nein. – Ist Mobilisierung des Kapitals durch Spekulation, Internet und Super-Aktien (Optionen) produktivitätssteigernd? – Kaum.

18 Futures und Optionen sind nicht fiktiv im Sinn von »geliehenes« oder »erwartetes« Kapital, sondern rein erdachtes Geld, beliebig vermehrbares Spielgeld? Wagenknecht: Nicht immer (?)

19 Erfüllt Kapital seine Arbeit, welches in derartigen Potenzen fiktiv ist?
Wagenknecht: Ohne weiteres (?)

20 Der Imp war eine Revolution; denn er beschleunigte den technischen Fortschritt und die Produktivität. – Hemmt er technischen Fortschritt und Produktivität inzwischen und ist eine Konterrevolution? – Mehr ja als nein.

21 Bewältigt der Imp die Grundlagenforschung?
Ulbricht: Nein.
Lenin: Nein.

22 Führt das »Prinzip Pfusch« (Wegwerfdenken bei Dienstleistungen, Gütern, Armee) zu Krisen? Ulbricht: Ja.

23 Ist »Lebensqualität« ein politischer Faktor?

24 Ist der Imp eine Warenwirtschaft mit, wenigstens auf Dauer, ehrlichen Preisen? – Doch wohl kaum, allenfalls auf äußerst lange Dauer. Die Extraprofite sind schwer anzufechten, und die indirekten Steuern des imp Staates tun alles übrige.
Hobson: Indirekte Steuern.

25 Gilt im Imp das »magische Dreieck«?
Allemal. Keine Regulierung kriegt Währungsstabilität, Staatshaushalt und Arbeitslosigkeit zugleich auf die Reihe.

26 Bedingt der Imp 1. Bureaukratie, 2. Arbeitslosigkeit?
Lutz Maier: Ja.

27 Gibt es eine Verschmelzung von Monopolkapital und Organisiertem Verbrechen? Unstreitig.

28 Wäre bei vorherrschenden Supermonopolen das kap. Konkurrenzprinzip überhaupt als Grundlage des Wirtschaftens aufrechtzuerhalten?
Vid. Hilferding vs. Kautsky.
Bleibt Ware?
Bleibt Geld?
Heißt Aufhebung des Widerspruchs ges. Produktion vs. private Aneignung in jedem denkbaren Fall: Sozialismus? (Kann nicht sein eine Art Inka-Despotie? Ein National-Zuchthaus?)

29 *Kann die Arbeiterklasse (Reinhold) dem Imp Geld abnehmen? – Ulbricht: Ja, wenn es dem Imp nutzt.*

Lieber Herr Hacks,

vielen Dank für Ihren letzten Brief mit der interessanten Streitpunkt-Liste in Sachen Imperialismus-Theorie. Gegenwärtig komme ich aber nicht dazu, mich damit zu beschäftigen, ich muß Sie um langmütige Geduld bitten, es sei denn, es läge Ihnen sehr an einer rascheren Stellungnahme.
Meine Arbeitsplanung ist durch den Ihnen vielleicht auch bekannten italienischen kommunistischen Philosophen Losurdo erheblich durcheinander gebracht worden. Er hat in der »jungen welt« eine siebenteilige Serie veröffentlicht, durch die ich mich veranlaßt sah, alles andere liegen zu lassen, um einen kritischen Kommentar dazu zu schreiben. Ursprünglich sollte das allerdings nur ein kurzer Brief an einen Bekannten werden, um ihm in aller Kürze meine Einwände gegen Losurdos Studie mitzuteilen. Aber mein unglücklicher Hang, jede Behauptung durch Tatsachen zu untermauern, hat diesen »kurzen Brief« zu einer 44-seitigen Stellungnahme auswachsen lassen, die allerdings manches enthält, was – wie ich hoffe – auch Ihr Interesse findet; daher lege ich sie bei. Eine weitere Beilage ist ein Schreiben an die Genossin Ursula Münch, deren Initiative die Bücher-Serie »Spurensuche« zu danken ist, deren dritter Band – »Leben in der DDR« – in Arbeit ist. Mit einem Beitrag zu diesem Band hatte sie ein Problem. Der Autor hatte als sehr junger Genosse im Staatssekretariat für das Hochschulwesen gearbeitet. Nachdem Franz Dahlem wegen seiner Kontakte zu Noël Field und anderem aus dem Parteiapparat ausscheiden mußte, wurde er des jungen Genossen Vorgesetzter und zugleich dessen verehrtes Vorbild. Geprägt von Franz Dahlem,

sieht er bis heute alles, was mit Noël Field, den Prozessen in Bulgarien, Ungarn und der ČSSR und mit den Untersuchungen der ZPKK zu Dahlem und anderen zu tun hat, mit Dahlems Augen und hat das in seinem Beitrag in dessen ersten Teil auch so geschrieben. Was dabei in diesem ersten Teil herauskam, ist das Gegenteil von dem, was mit dem Buche beabsichtigt ist. Deshalb bat mich die Genossin Münch, ob ich ihr nicht helfen könne. Ich konnte es nur, indem ich wieder in meinem Archiv kramte und die Fakten zusammenstellte, die auch den Genossen Hartmann möglicherweise zumindest zum Zweifel darüber bringen könnten, ob seine Sicht der Dinge wirklich so unantastbar ist, wie er das bisher annahm. Das Ergebnis war der Brief an die Genossin Münch, dessen Kopie ich ebenfalls beilege. Er war für mich eine Art Vorarbeit für etwas, was ich unbedingt noch zuwege bringen will, nämlich eine gründliche kritische Rezension des Buches von Kießling, das ich im Brief mehrfach erwähne. Die Klarstellung der Rolle, welche die Rehabilitierungen von solchen Figuren wie Noël Field bei der Vorbereitung des Sieges des Revisionismus gespielt haben, ist eine Aufgabe, ohne deren Lösung die Wiederherstellung der geschichtlichen Wahrheit und damit die restlose Befreiung der kommunistischen Sache von den Bleigewichten des Revisionismus – nämlich den Verbrechensvorwürfen, die meiner Meinung nach die tiefste, breiteste und nachhaltigste Wirkung erreicht haben – nicht gelingen wird.
Soviel für heute.

Beste Wünsche und herzlichen Gruß,
Ihr
Kurt Gossweiler

Lieber Herr Gossweiler, DLs Siebenteiler, wie ich Ihnen sagte, hatte ich nur überflogen. Was ich vom Inhalt erinnerte, war das: Die russischen Kommunisten waren wohlmeinende Menschen, die all unser Verständnis verdienen. Ihr einziger Fehler war, daß sie Kommunisten waren.
Man kann nun überlegen, ob die ungemeine Sorgfalt, die Sie an den Mann wenden, nicht zu viel Sorgfalt war.
So wie Dühring ganz einfach ein Anlaß für Engels geworden ist, das System der marxistischen Wissenschaft darzustellen, welches sich ohne Bezug auf Dühring mit weit mehr Gewinn hätte darstellen lassen, so ist jener Prof. Domenico, den hiermit zum letzten Mal Domenico Absurdo zu nennen ich gelobe, ganz einfach ein Anlaß für Gossweiler geworden, die Geschichte des sowjetischen Revisionismus zu erzählen, welche ohne Bezug auf DL zu erzählen Gossweilers eigentlicher Beruf ist und welche sich ohne Bezug auf DL mit weit mehr Gewinn hätte erzählen lassen.
Dieses Individuum ist ein Niemand, und Ihre Schriftstellerseele muß diesen Schritt vom rechten Weg aus irgendeiner Produktivitätsnotwendigkeit gebraucht haben. Wenn der jetzt vorliegende Text Ihre Hauptarbeit nicht beeinträchtigt hat, soll er von Herzen gelobt sein. Ist auch gut und mit Disziplin deutsch geschrieben.
Viel hängt davon ab, ob jW so viel Ehre im Leib hat, Ihre Entgegnung in gleicher Gestalt wie den DL abzudrucken. Ich würde eine ziemliche Menge Geld wetten, daß jW so viel Ehre nicht im Leib hat, sondern vielmehr gar keine Ehre.
Kurz, ich freue mich über das gelungene Produkt Ihrer Feder und ärgere mich zugleich über die damit verbundene Zeitverschwendung in Hinsicht auf Ihr Lebenswerk. Wir brau-

chen die Geschichte der KPdSU von 38 bis heute, und wir brauchen die Geschichte des Revisionismus in den sozialistischen Ländern, insbesondere der DDR. Sie besitzen für diese Werke als einziger Gelehrter die Thesen, und ich frage mich, ob Sie die Thesen nicht zunächst als solche in irgendeiner Form niederlegen und festhalten sollten. Denn es kommt darauf an, daß sie der Welt nicht verloren gehn.
Zu »Kritische Anmerkungen« übrigens eine kritische Anmerkung. Was das Recht auf den Ausnahmezustand betrifft, würde ich in keinem so starken Ton darauf schelten, daß Carl Schmitt ein Nazi war. Ich denke, was er sagt, stimmt; warum soll, was ein Nazi sagt, nicht stimmen? Sowohl die Revolution wie die Diktatur des Proletariats sind Ausnahmezustände, und nicht, weil ihre Subjekte eine numerische Mehrheit abgegeben hätten. Das Scheitern der DDR zeigte sich darin, daß unsere Führung nicht vermochte, gegen die numerische Minderheit der Konterrevolution den Ausnahmezustand geltend zu machen. Wir haben nicht ernstlich versucht, ein DDR-tschechisch-bulgarisch-rumänisches Bündnis anzustreben. Wir benahmen uns wie Ludwig XVI und nicht wie beispielsweise de Gaulle 1968.
(Ich glaube, daß de Gaulle kein Imperialist war, oder wenigstens kein enragierter. Ich glaube, die 68er Revolte war eine proimperialistische Revolution, daher de Gaulle vom Imperialismus dann anschließend doch noch gehängt wurde. Die furchtbarsten aller Ex-68er, die Imperialisten Clinton und Schröder, waren 68er nicht nur dem Alter, auch der politischen Façon nach).
Ich komme wieder auf das, worauf Ihre Arbeit mich bringt. Meine Hoffnung auf die Chinesen ist ebenfalls groß. Ich setze da auf ihren 3000jährigen Hochmut und die Wachsamkeit ihrer Terrakottkrieger. Ich gebe ferner Rußland

keineswegs verloren. Wenn es Putin gelingt, seine absolutistische Pflicht zu tun und die GUS beisammen zu halten, dünkt mich eine kommunistische Revolution gegen ihn in absehbarer Zeit vollkommen denkbar, vorausgesetzt natürlich, daß schnell genug ein Lenin sich bilde. (Der Nutzen des Zaren St. Nikolaus für die Oktoberrevolution wird vielleicht in Zukunft höher zu veranschlagen sein, als er bisher wurde. Möglicherweise ist die Heiligsprechung dieses Trottels durch Putin ein äußerst progressiver Schachzug. – Ich bin nicht mehr in der Lage, Abschweifungen zu vermeiden, und ende jetzt besser).

Dank auch für Ihre freundliche Antwort auf meine Anfrage wg. Noël Field. Ich bin hochzufrieden. Warum gibt es noch immer keine Zugriffsmöglichkeit auf diese Geheimdienstschweinereien?

Ich habe inzwischen Fülberth gehauen und verbleibe Ihr gehorsamer

Peter Hacks

P.S. Ab Anfang Oktober wieder in Berlin.

Lieber Herr Gossweiler, ich möchte, in größerem Zusammenhang, den Satz veröffentlichen »1965 hatten Kurt Gossweiler und Jürgen Kuczynski ein Gespräch über die Frage, welcher von beiden Wissenschaftlern der revisionistischere sei, Otto Reinhold, Direktor des Instituts für Gesellschaftswissenschaften beim ZK der SED, oder Dieter Klein, Leiter des Instituts für Politische Ökonomie der Humboldt-Universität«. Würde ich Ihnen hiermit was weg- oder vorwegnehmen?
Branstners »kopernikanische Wende« von dem »Naturgesetz der Anpassung« stammt von Bogdanow, und Lenin äußert sich in »Materialismus und Empiriokritizismus«, Werke 14, im Einzelband Dietz 1960 auf pag 313 zur »Anpassung« und auf pag 323 zum »Naturgesetz«. Das finde ich keck.
Ist es nur ein Gerücht, daß jW sich tatsächlich unterfangen hat, den Druck Ihres Anti-Losurdo zu verweigern? Werden Sie ihn im Sozialismusheft von offensiv haben? Es versteht sich, daß ich erpicht darauf bin, Ihrer Arbeit beizuspringen, wo immer sie meiner bedarf, und ich bitte Sie, meine ergebensten Grüße entgegenzunehmen.

Stets verbunden, Ihr
Peter Hacks

Lieber Herr Hacks,

ich beeile mich, Ihnen auf Ihre Anfrage noch heute zu antworten, weil wir morgen für eine Woche auf Reisen gehen. Nein, Sie würden mir mit der Erwähnung des Gespräches mit JK nichts vorwegnehmen. Ich möchte Sie nur bitten, sich doch eine Formulierung zu überlegen, die keinen Zweifel daran läßt, daß ich bereits damals den Revisionismus Dieter Kleins für den gefährlicheren hielt. Die Bestätigung dafür sehe ich in der aktiven Rolle des Dieter Klein nach der Konterrevolution bei der Sozialdemokratisierung der PDS, während Reinhold verstummt ist, obwohl ihm eine Wendung, wie sie ein Mischa Wolf und ein Schabowski fertig gekriegt haben, ja doch auch offenstand. Für den Hinweis auf Lenins »Empiriokritizismus« bin ich Ihnen sehr dankbar. Jetzt zweifle ich noch mehr am gesunden Geisteszustand unseres Jahrhundertgenies Branstner. Er, der u. a. bei Walter Besenbruch studiert hat und dabei um Lenins Werk mit Sicherheit nicht herumgekommen ist, müßte sich doch eigentlich selbst ausrechnen können, daß er früher oder später Lenins Spott und Hohn über die Erfinder von »Universalgesetzen« auf sich selbst ziehen wird.

Daß die »junge welt« meine Streitschrift nicht bringen würde, war mir klar, ich habe das auch Schölzel geschrieben. (Anlage). Ich habe das Ding auch an die Marxistischen Blätter geschickt, die mir natürlich auch sagten, daß sie es wegen der Überlänge nicht bringen könnten. Dagegen hat Lisl Rizy aus Wien gefragt, ob sie es bringen dürfen. Außerdem hoffe ich auf Flegel und/oder Eggerdinger. Geschickt

hatte ich es auch an Genossen Holz, der sich zunächst – ohne es gelesen zu haben – sehr dafür bedankte.
So, damit für heute genug.

Mit besten Wünschen und Grüßen,
Ihr Kurt Gossweiler

1 Anlage

Lieber Herr Hacks,

alte Leute werden langsam und lassen sich immer wieder von Unvorhergesehenem ablenken, daher bin ich mit meinen Neujahrsgrüßen lächerlicherweise noch immer nicht am Ende. Mein Gruß an Sie war schon so lange fällig, aber nun ist es doch gut, daß ich erst jetzt dazu komme, ihn abzusenden, kann ich Ihnen dadurch doch Einiges beilegen, das erst jetzt entstanden ist. Besonders wird Sie befriedigen, meine Austrittserklärung aus der PDS zu lesen. Es wäre allerdings ein Fehlschluß anzunehmen, dieser mein Schritt sei eine Folge Ihrer auf meine Person gerichteten Bemerkung in Ihrem »Natürlichen System der Linken«. Ich habe diesen Ihren Versuch, »Ordnung« in die Linke zu bringen, mit großem Vergnügen genossen; aber mein Entschluß zum Austritt stand schon eine ganze Weile fest, nachdem klar war, daß ein zweiter Versuch, mich durch Ausschluß loszuwerden, nicht mehr unternommen werden würde, ganz gleich, was ich gegen Gysi und den Kurs der PDS schreiben werde. Nun ging es mir nur noch darum, eine solche Handlung oder Entscheidung der Parteiführung abzuwarten, um meinen Austritt so begründen zu können, daß auch meine Genossen der Parteigruppe und auch solche Genossen, die Kommunisten geblieben sind, aber anders als ich noch nicht den Trennungsschritt gehen wollen, Verständnis dafür aufbringen, daß es für mich keine andere Möglichkeit mehr gibt, und daß mein Schritt sie vielleicht dahin bringt, auch über ihre eigene Position nachzudenken.

Ich beende diesen Teil meines Briefes an Sie mit den besten

Wünschen für Ihr Ergehen in den letzten 11 Zwölfteln des ersten Jahres des neuen Jahrhunderts!

Ihr Kurt Gossweiler

Lieber Herr Hacks,

hier nun die Fortsetzung meines »Neujahrsbriefes« an Sie. Vom alten Jahrhundert haben Sie sich ja mit einer Gabe verabschiedet, die von Ihrer Lesergemeinde mit großer Freude aufgenommen worden ist, mit dem Band »Die Gedichte«. (Armin Stolper hat darin zwei Gedichte vermißt, die ich auch vermissen würde und wie er gerne wüßte, warum sie fehlen.)
Und dann gab es da ja auch – welch erstaunliches Begebnis für einen Verfasser von Liebesgedichten für die DDR! – noch ein Kolloquium in Travemünde, über das die UZ titelte: »Begeisterte Zustimmung – ungetrübt vom Widerspruch«. Statt der erwarteten 50 Teilnehmer kamen die doppelte Zahl von Hacks-Verehrern und Hacks-Erklärern zusammen – nur Sie blieben zu deren Bedauern fern. Warum eigentlich?
Ich möchte gerne noch auf Fragen aus ihren letzten beiden Briefen eingehen.
Nochmals zu Losurdo. Meine Streitschrift gegen seine »Flucht aus der Geschichte« wird in der nächsten Nummer des »Streit-Mat« Eggerdingers erscheinen, ist inzwischen aber auch in Berlin als Voraus-Druck in Broschürenform unter die Leute gebracht worden. Inzwischen sorgt außer der »Jungen Welt« auch Hermann Kopp von den »Marxistischen Blättern« für eine »Losurdo-Welle« im Umkreis der DKP, und hilft mit, dort die verquere Mischung Losurdos aus Falsch und Richtig als neueste »linke Erkenntnisse auf der Höhe der Zeit« einzubürgern. (Z.B. in der letzten Nummer der MBl!) Ich denke deshalb, daß meine Streitschrift eigentlich sehr notwendig und deshalb keine Zeitverschwendung war und ist.

Was Ihre Erwartung hinsichtlich meines – wie Sie es nennen – »Lebenswerkes«, nämlich die Geschichte des Revisionismus, betrifft, so fürchte ich sehr, Sie zu enttäuschen. Für ein solches Werk – das ich wie Sie für dringend notwendig halte – werde ich nur das Rohmaterial liefern können; daraus das zu machen, was Sie anscheinend von mir erwarten – das geht über meine mir noch verbliebene Kraft und Zeit. Die Thesen dazu meine ich aber schon mehrfach geliefert zu haben. Übrigens: Daß Sie mich in Ihrem Brief vom 28.8. v. J. zum »Gelehrten« machen, hat mich zum Reimen provoziert:
»Bin kein Gelehrter, lieber Herr – bin nur der kleine Gossweilèr.«
Zu etwas Ernsterem, zu Ihrem Vorwurf an unsere Führung, sie habe nicht vermocht, gegen die *numerische Minderheit* der Konterrevolution den Ausnahmezustand geltend zu machen.
Was meinen Sie mit »numerischer Minderheit der Konterrevolution«? Auf was für eine Mehrheit hätte sich denn diese Führung im Falle der Verkündigung des Ausnahmezustandes stützen können? Die hatte sie doch nicht einmal mehr in der Partei! Und wer sagt Ihnen denn, es sei nicht ernstlich versucht worden, ein antirevisionistisches Bündnis mit anderen sozialistischen Staaten zustandezubringen? Allerdings war das allenfalls mit der Führung der ČSSR möglich, und daß es mit ihr versucht wurde, dafür gab es damals etliche Hinweise. Mit dem Bulgarien Shiwkows dagegen war so etwas nicht zu machen, und selbst wenn alle drei von Ihnen genannten mitgemacht hätten – was hätten sie – eingekeilt im Osten und Süden zwischen Gorbatschow-SU, den beiden geheimen Verbündeten der BRD, nämlich Polen und Ungarn, dazu Jugoslawien, und der Bundesrepublik im

Westen, denn tatsächlich erreichen können? Nein, für so etwas war es viel zu spät. Das wäre schon im Februar bis Oktober 1956 nötig und ohne Krieg und mit Hilfe Chinas möglich gewesen, – danach allenfalls noch 1964, beim Sturz Chrustschows – das aber nicht ohne militärisches Vorgehen gegen Polen und Ungarn und neuerlichen Bruch mit Jugoslawien. Was das auf der internationalen Ebene an Reaktionen hervorgerufen hätte, darüber kann man nur spekulieren. Aber vergessen Sie nicht, daß inzwischen in allen sozialistischen Ländern eine neue, ganz im Geiste des Chrustschow-Revisionismus erzogene Generation herangewachsen war und ihre Vertreter zum Teil schon Kommandostellen eingenommen hatten, und mit jedem weiteren Jahr ihr Gewicht weiter wuchs.

Im übrigen freue ich mich über Ihren Optimismus hinsichtlich Chinas und Rußlands. Meine Wünsche stimmen mit Ihren Hoffnungen überein, aber meine Befürchtungen sind offenbar größer als die Ihrigen.

Nun noch einmal zur »Jungen Welt«. In einer Wochenendbeilage wurde ein Buch besprochen, in dem eine Episode aus den Jahren 1955/56 behandelt wird, die ich auch in meiner »Taubenfuß-Chronik« ausführlich beschrieben und beleuchtet habe. Es geht dabei um die mehrfachen Geheimverhandlungen des Adenauer-Finanzministers Schäffer mit Vincenz Müller, damals stellvertretender Verteidigungsminster der DDR. Das Buch bestätigt den von mir damals, 1958, niedergeschriebenen Verdacht, daß diese Geheimverhandlungen den Sturz Ulbrichts zum Ziele hatten. In der Buchbesprechung von Siegfried Prokop wird das auch bestätigt, Vincenz Müller dafür aber von ihm einer Auszeichnung für würdig befunden. Ich habe Schölzel daraufhin einen Brief geschrieben und ihm angeboten, meine damalige Niederschrift eben-

falls in der »Jungen Welt« zu veröffentlichen, um der historischen Wahrheit willen. Wie ich erwartet habe, erhielt ich darauf bis zum heutigen Tage (5.2.) keine Antwort. Ich lege den Brief an Schölzel und meine Niederschrift bei.
Inzwischen kann ich auch eine Kopie der Titelseite des ersten Bandes der Taubenfuß-Chronik beilegen, deren Ausdruck erfolgen kann, sobald ich mit Korrektur-Lesen fertig bin. Ich muß das in diesem Monat noch schaffen. Der erste Band geht bis zum 20. Oktober 1957 und endet noch mit der unerschütterlichen Gewißheit des Sieges über die revisionistische Konterrevolution. Wer das heute liest, kann eigentlich nur den Kopf schütteln: Wie konnte der damals so blind sein! Und der Kopfschüttler, sofern er ein Ossi und damals auch noch Genosse war, vergißt dabei ganz, daß er zu diesem Zeitpunkt nicht weniger siegesgewiß war, wahrscheinlich aber ohne überhaupt eine Ahnung davon zu haben, in welcher lebensbedrohlichen Gefahr wir uns seit 1953/56 befanden.
Nun aber endgültig Schluß für dieses Mal.

Ich grüße Sie sehr herzlich,
Ihr Kurt Gossweiler

Lieber Herr Hacks,

die nochmalige Lektüre Ihrer Prügel für »Georg Nostradamus« und seine Erwiderung in Heft 11/00 von »konkret« veranlassen mich, Ihre Geduld mit einer Sendung im Nachgang zur gestrigen zu überstrapazieren.
Zu dem, was Fülberth mit seinen 500 Jahren Kapitalismus-Zukunft und mit seiner Erwiderung auf Sie losgelassen hat, pflegt man in meiner schwäbischen Heimat zu sagen: »Der ischt vom Wahn betupft!«
Leider hat dieser Wahn auch noch andere befallen, unglücklicherweise auch den sicher auch von Ihnen geschätzten Rolf Vellay. Auf der Imperialismus-Konferenz im vorigen Oktober hielt Rolf eine nicht vorhergesehene Diskussionsrede, in der er uns aufforderte, endlich »Weg von der Klagemauer« zu gehen. Wie man mir sagte, waren Sie zeitweilig auch auf der Konferenz anwesend – leider habe ich Sie dort nicht gesehen; es wäre mir natürlich eine große Freude gewesen, Sie auch persönlich zu erleben –, vielleicht haben Sie Rolfs Beitrag auch gehört. Er war ganz amüsant, enthielt aber ein paar Töne, die mir etwas abwegig vorkamen, was ich ihn in einem Brief auch wissen ließ. Es ging darum, daß er uns damit Mut machen wollte, um unsere Sache stünde es doch gut – sei doch der Kapitalismus dabei, durch Beseitigung des Kleinbürgertums eine der schwierigsten Aufgaben für uns zu erledigen, daher sollten wir »endlich weg von der Klagemauer«.
Auf meinen Brief hin antwortete er mit dem Beigelegten, einer 10-seitigen Ausarbeitung, von der ich kaum fassen konnte, daß sie von ihm kam. Ich sah mich gezwungen, mit

einem Schreiben zu antworten, von dem Sie vielleicht wieder sagen, es sei Zeitverschwendung und ich hätte mich dafür lieber dem widmen sollen, was Sie so dringend von mir erwarten. Aber diesmal geht es um einen Genossen, den ich sehr schätze, und der das Recht hat, meine Meinung zu erfahren – und ich die Freundes- und Genossen-Pflicht habe, mit ihr nicht hinter dem Berg zu halten.
Rolf ist zur Zeit noch in Chile, hat also meine Antwort noch gar nicht zur Kenntnis nehmen und darauf antworten können. Deshalb wollte ich sowohl seine Ausarbeitung wie auch meine Antwort noch nicht anderen – außer Frank Flegel, der Rolfs Ausarbeitung für den Protokollband erhalten hat – zur Kenntnis geben.
Aber nach dem nochmaligen Lesen Ihrer Fülberth-Abfertigung hat mich zum einen frappiert die Ähnlichkeit des Wahnes des Georg Fülberth mit dem unseres Rolf Vellay, und hat mich zum anderen hoch erfreut die völlige Übereinstimmung von Hacks und Gossweiler in der entscheidenden Frage, daß der Kapitalismus/Imperialismus nicht von selber stirbt, sondern ihm der Garaus gemacht werden muß. Daß genau dies der springende Punkt ist, das hat Georg Nostradamus geflissentlich übersehen.
Ich denke, daß Rolf es mir verzeihen wird, daß ich Ihnen schon jetzt seinen und meinen Brief zu Kenntnis brachte.

Nochmals beste Grüße,
Ihr Kurt Gossweiler

Lieber Herr Gossweiler, auf der Leserkonferenz gestern haben Sie mich leider nicht finden können. Mein Problem mit der Demokratie ist, daß ich lange ausschlafe und meistens erst aufstehe, wenn die Kämpfe draußen eben enden. Die Imperialismuskonferenz dauerte bis acht, so konnte ich die letzte halbe Stunde wahrnehmen und das Vergnügen genießen, Ihren knapp und trefflichen Einwurf anzusehen und anzuhören. (Worum es ging, ist mir schon entfallen. Könnte sein, daß auf irgendeine Weise auf die Nachteile des Revisionismus angespielt wurde?)
Auf das Ergebnis der Leserkonferenz bin ich neugierig. Gab es eine Gründung? Hatte die Gründung einen Namen? Ich hätte gar nichts gegen einen losen Vorbereitungsausschuß, und ich habe Steiniger für denselben den Namen »Gesellschaft zum Studium des Klassenkampfes e.V.« vorgeschlagen. Wenn es je eine Partei gibt, darf sie niemals anders als KPD heißen, um der Wahrheit, der Schönheit und der Geschichte willen. Für klassische Gegenstände ist der klassische Name eben gut genug.
Für die Chinesen und die Russen gebe ich keine Garantie. Ich sage nur so viel. Beide, die chinesische Partei und das KGB, tun seit Jahren genau das, was sie tun wollen, nicht das, was der Zufall will; ich weiß nicht, was es ist, das alle wollen, sehe aber keinen Beweis dafür, daß es der Kapitalismus ist. – Im Fernsehen zeigten sie einen Krimi der beliebtesten russischen Krimidichterin, Alexandra Marinina. Sie ist möglicherweise die beste Verfasserin von Detektivgeschichten der Welt. Ich verbürge mich dafür, daß sie Kommunistin ist.
Ein Verteidigungsbündnis Honecker-Jakeš-Shiwkoff-Ceau-

şescu war, da haben Sie Recht, 1989 nicht mehr herzustellen. Ich begreife inzwischen erst, daß Gorbatschow schon Anfang 1989 die SED so weit hatte, daß Honecker nicht mehr wagte, irgendeiner Person außer Mittag und Herrmann zu gestehen, daß er Gorbatschow als Chefagenten erkannt hatte.

Irgendwoher habe ich, daß Honecker im Juli 1989 den Warschauer Pakt in Bukarest gegen die russische Politik zu ermutigen vorhatte und aber seine Galle ihm ins Wort fiel.

Was meine ich mit der numerischen Minderheit der Konterrevolution? Nun eben das, daß sie keine Mitglieder hatte. Sie bestand ganz allein aus Egon Krenz. Sie werden in zwei Wochen ein Werk von Egon Krenz, bearbeitet von mir, lesen, aus welchem das klar hervorgeht. Selbst Gysi, Wolf, Modrow waren politische Nonentitäten, bis Krenz den Generalsekretär, das Politbureau, das ZK und die Bezirksleitungen der SED aufgelöst hatte. Danach bedurfte die Konterrevolution keiner Konterrevolutionäre mehr. Hiermit war sie gesetzt und gegeben. Mit dem Außerordentlichen Parteitag wurde dann noch die SED aufgelöst, was aber nur noch eine Formalie war.

Von Ihrem Brieffreund Schölzel war ich überrascht zu vernehmen, daß er aus der DDR stammt. Czichon erzählte mir, er sei ein Mann von Markus Wolf. Hanfried Müller wieder bestreitet das, ich habe aber vergessen, mit welchen Gründen. Welcher Herkunft Schölzel immer ist, seine Beschaffenheit kann nicht rätselvoller sein als die seines Herrn Koschmieder.

Hätte ich gewußt, daß Fra Domenico Holzens Partner bei Topos ist (in welchem Periodikum ich höchstens einmal schreibe, aber niemals lese), hätte ich mehr Gedanken an ihn verschwendet. Ich bleibe dabei, daß Sie ihn nicht hätten als einen Mann von Ehre behandeln sollen und nicht, als sei er in intellektueller Hinsicht satisfaktionsfähig. Aber man wird also auf ihn zu achten haben.

Wie, und die Marxistischen Blätter lieben ihn auch schon?

Zu »Das Hacks-Kollegium in Travemünde und meine Verehrer und Erklärer«. Der Oberverehrer, der mich drei Mal zu der Veranstaltung geladen und dann unter falschem Namen auch noch den UZ-Bericht verfaßt hat, ist ein gewisser Professor Rüdiger Bernhardt, derselbe, der seinerzeit in der UZ (kurz eingeleitet von Deumlich) die Kampagne gegen mich eröffnet und versucht hatte, mir das Genick zu brechen. Der Mann ist ein Feind durch und durch, und er war bis zur Fassungslosigkeit erstaunt darüber, daß ich mich durch seine Anschreiben nicht geehrt fühlte.

Ich bin nicht albern genug anzunehmen, daß Sie auf meinen Ordnungsruf hin die PDS verlassen hätten. Ich bin auch nicht albern genug, mit Holz darum zu schmollen, daß er in der DKP verblieben ist. Zwischen Holz und mir besteht Klarheit, Verständigung und Einmütigkeit, von Anfang bis zum Ende.

Bei Ihnen sind zwei Abschiedsbriefe entstanden und, denke ich, mit entgegengesetztem Ausgang. Mit der Parteiführung wird es wohl zu keinem Wiedersehen kommen und mit der Basisgruppe wohl zu keiner Trennung. Meinethalben können Sie in jede Partei eintreten, die Ihnen beliebt, vorausgesetzt ich treffe Sie dort als Generalsekretär.

Was Ihr Lebenswerk betrifft: Bitte fühlen Sie sich nicht von mir gedrängelt. Ich muß nicht warten, bis Sie dem Sowjetcaesarismus sein Gibbon geworden sind. Die Taubenfüße, denke ich, werden es auch tun. (Der Titel ist aber verwirrend. »Zweiter Teil, Teil I«, so sollte man nicht formulieren).

Wann kriegen wir den Band bis 1957? Und wann den bis 1964?
Und Ludo Martens wohnt also in der Demokratischen Republik Kongo? Ich hoffe, Joseph hört auf ihn.

Aufs Herzlichste
Ihr Peter Hacks

ZWEITER BRIEF

Lieber Herr Gossweiler, die Briefe an Vellay, die Sie die Freundlichkeit hatten, mir anzuvertrauen, haben mich aus meiner Einsamkeit mit der Sorge um diesen alten Freund erlöst.

Besonders seine Verwünschung Rußlands (»Genug ist genug«) aus keinem besseren Grund als einem abgesoffenen U-Boot, über das weder er noch ich irgendeine Information haben, geschweige die Wahrheit kennen, und die in der Forderung gipfelt, Rußland der UNO zu unterstellen, ausgerechnet der, also den möglichen Schurken Putin dem ausgewiesenen Schurken Annan und das KGB-Territorium Rußland dem CIA-Weltreich Nordamerika – Sie sehen schon aus meiner mißglückten Grammatik, in welche Verlegenheit mich dieses Elaborat gesetzt hat. Ich konnte nur noch den Schluß ziehen, Vellay sei verrückt geworden. Ich bin sehr froh, daß auch Sie von »Wahn« reden.

Hanfried Müller nahm, als er mit mir davon sprach, die Sache gelassener und meinte, Vellay habe schon immer zwischen erleuchteten Einsichten und närrischen Einfällen gependelt. Aber das »Klagemauer«-Referat wieder ist nicht nur ein närrischer Einfall, es ist ein Beitritt zu einer modisch-defaitistischen Tendenz, die ich schon in Vellays Referat zur DDR-Konferenz gespürt habe. Er hat unsere Meinungsverschiedenheit ja vermöge eines – von ihm stark entstellten – Hackszitats bekanntgemacht.

Auch ich habe ihm auf alles das geantwortet. Auf den Rußlandmist bin ich mit einem einzigen Satz eingegangen. An die Entgegnung zur »Klagemauer« habe ich immerhin eine

volle Seite gewendet, auf der ziemlich alles das, was Sie ihm erklären, auch steht.
Vellay ist in einem Alter, in dem man Menschen nicht ändert, und wenn H. Müllers Charakteristik stimmt, ist es auch nicht nötig, ihn zu ändern. Er hat Anspruch auf unsere Kritik und unsere Freundschaft. Seine Lebensverdienste werden die Fehler in seinem Leben immer überwiegen.
So bin ich sogar bereit, dem Vellayschen »Epistel«-Vorwurf gegen Sie mit einem eigenen Tadel beizutreten. Offenbar ist jeder Niemand mühelos imstande, Ihnen zu jeder Ihnen hingehaltenen Nichtigkeit eine Vorlesung abzunötigen. Vor dieser Schwäche erlaube ich mir, Sie zu warnen, so wie ich es schon anläßlich des Fra Domenico getan habe. Ihnen fällt leicht, eine Vorlesung zu schreiben, und Sie lieben es. Aber auch das, wie leicht es Ihnen immer falle, fordert Kraft und Zeit, die Sie nicht haben und über deren Vergeudung Sie dem Weltgeist Rechenschaft abzulegen schuldig sind.
Verzeihen Sie mir.
Und noch ein paar Einzelpunkte, außer Zusammenhang.
Die Wurzel und Hauptfrage der Klagemauerdebatte sind ein paar unbedachte Äußerungen, die Lenin in den Jahren 1917 und 1918 hat fallen lassen, und die als Behauptung einer Identität von Imperialismus und Sozialismus gelesen werden können. Otto Reinhold las sie freudig so. Ulbrichts eminent wichtige Fortentwicklung der Imperialismustheorie richtet sich hauptsächlich gegen diese ökonomistisch und strukturalistischen Verirrungen. Er weist nach, daß der Satz »Sozialismus ist Imperialismus abzüglich der Imperialisten« Unsinn ist, und daß die Ersetzung der imperialistischen Klasse durch die Arbeiterklasse nicht nur eine bessere Gesellschaft zu Wege bringt, sondern auch eine bessere Ökonomie.

Vellays MLPD ist wohl auch eine seiner Schnurren. Gegen den braven Herrn Fernholz habe ich überhaupt nichts, außer, daß er ist, was Marx einen Knoten würde genannt haben.
Zu danken habe ich noch für die Erlaubnis, das Stattfinden der Gossweiler-Kuczynski-Diskussion zu erwähnen, vor allem auch für die Eile, mit der Sie sie mir erteilten. Die Eile war gar nicht nötig. Ich bin ein Preuße, und ich schieße nicht schnell.

Bin aber Ihr stets ergebener
Peter Hacks

Lieber Genosse Hacks,

die Inanspruchnahme Ihrer Ausnahmegenehmigung für diese Anrede signalisiert Ihnen schon, daß mit diesem Schreiben unsere – meine und meiner Frau – Gratulation zu Ihrem 73. Geburtstag auf die Reise geschickt werden soll. Von unserer Warte aus gratulieren wir Ihnen vor allem dazu, daß Sie nicht Ihr 83stes, sondern erst ihr 73stes Lebensjahr vollendet haben! Und das, wie wir hoffen, ohne größere gesundheitliche Probleme. Wenn dem so ist, dann ist unser erster Glückwunsch natürlich, daß es so bleiben möge. Der zweite Wunsch wäre dann, daß Sie am Ende dieses Kalender- und des neuen Lebensjahres eine mindestens genauso erfreuliche Bilanz ziehen können wie am Ende des abgelaufenen. Der Anfang dazu ist ja mit dem neuen Buch schon gemacht. Wir gratulieren!
Leider kann ich Ihnen als Geburtstagsgabe nichts Eigenes mitschicken, dafür aber etwas viel Besseres: Auszüge aus den Tagebüchern von Georgi Dimitroff aus dem letzten Jahr vor dem Überfall auf die Sowjet-Union und aus den ersten Tagen nach dem Überfall. (Damit diese Gabe auch eine willkommene Überraschung für Sie ist, kann ich nur hoffen, daß Sie bislang noch keinen Blick in Dimitroffs Aufzeichnungen geworfen haben.)
Ich lege Ihnen außerdem noch ein Blatt Kopien aus einem anderen Buche bei, betitelt: Stalin: Briefe an Molotow 1925-1936, Siedler Verlag 1996. Ich hoffe, Sie haben auch daran Ihre Freude.

Ich nehme die Gelegenheit dieses Glückwunschbriefes wahr, um Ihnen für Ihre letzte Doppel-Brief-Sendung herzlich

zu danken und auf einige von Ihnen berührte Punkte einzugehen.
Zur Imperialismus-Konferenz: Auch ich wüßte nicht mehr, was ich auf dieser Konferenz ausgeführt habe, hätte ich nicht für das Protokoll meine beiden unvorbereiteten Diskussionsbeiträge nachträglich zu Papier gebracht. Einmal wandte ich mich gegen die »nur-ökonomistische« Erklärung der Niederlage des Sozialismus im Referat des aus England angereisten indischen Genossen Brar, zum anderen stellte ich an den Genossen Niebling die Frage, ob das MfS nicht auch festgestellt und registriert habe, daß Diversions- und Schädlingsarbeit gegen die DDR nicht nur vom Westen aus, sondern seit Chrustschow auch aus Richtung Osten betrieben wurde. Natürlich gab es auf diese Frage keine Antwort.
Über das Ergebnis der Leserkonferenz sind Sie sicher schon bestens von Klaus Steiniger informiert worden. Ihre Anfrage, ob es eine Gründung gab, läßt mich vermuten, daß wir beide hinsichtlich der Rolle und Aufgaben der Gruppe Nord-Ost eine etwas unterschiedliche Sicht haben. Wie ich die Sache sehe, mögen Sie aus dem Brief ersehen, den ich im Januar an Klaus und Bruni Steiniger schrieb und den ich als Kopie beilege. Klaus St. hat mir daraufhin gesagt, wenn es nur die beiden von mir genannten Möglichkeiten gäbe, die DKP zu charakterisieren, dann hätte ich recht. Aber es gäbe noch eine dritte Möglichkeit. Ich bleibe aber dabei: Eine Trennung Nord-Ost's von der DKP im gegenwärtigen Zeitpunkt hätte kein anderes Ergebnis, als die Zahl vorhandener kommunistischer Sekten und Gruppen um eine zu vermehren. Ich halte nach wie vor für richtig, was Sie mir in Ihrem Brief vor fast genau einem Jahr schrieben: »Die Wiedergeburt der KPD wird erst dringlich, wenn die Revolution zu drängen beginnt.«

In Ihrem letzten Brief haben Sie angekündigt, ich könnte in zwei Wochen ein von Ihnen bearbeitetes Werk von Egon Krenz lesen, aus dem klar hervorgehe, daß die Konterrevolution ganz allein aus Egon Krenz bestand. Können Sie mir genauer sagen, um welches Werk es sich dabei handelt? Ich muß es verschlafen haben.
In der Sache möchte ich Ihnen aber widersprechen. Krenz war zwar einer, der sich von Gorbatschow hat täuschen lassen und auf ihn setzte, aber er war kein Modrow. Eine ganz so unbedeutende Nonentität war der Modrow kaum; immerhin stand er schon seit Jahren in auffälligem Einvernehmen mit der SPD-Führung und war offenkundig deren Hoffnungsträger.
Nur: Das Schlimme war doch, daß alle, auch diejenigen, welche die DDR als sozialistischen Staat erhalten wollten – und das war in der Partei auf jeden Fall, ich möchte aber meinen, auch in der Bevölkerung, die Mehrheit –, durchaus zu recht empfanden: »So kann es nicht weitergehen!«, aber keinerlei Bewußtsein davon hatten, daß es jetzt nicht um Reformen, sondern um die Macht ging. Ich erinnere mich noch sehr gut daran, daß das »Parteivolk« in seiner Mehrheit Krenz ablehnte, weil sie meinten, der klebe zu sehr »am Alten« und werde die Durchführung der »notwendigen Reformen« nicht zustandebringen oder gar verhindern. Was hätte er denn damals anders machen sollen und können, als zurückzutreten? Etwa die Armee aufmarschieren lassen?
Ich habe in meiner Parteigruppe damals die Genossinnen und Genossen beschworen, zu verstehen, daß es nicht um Reformen, sondern um die Macht geht. Ein Herr Schütrumpf aber – ich glaube, damals noch unser Parteisekretär an der Akademie der Wissenschaften – war erfüllt von dem unheiligen Eifer, nun eine »wirkliche Revolution« – natür-

lich mit ihm, Dieter Klein und den anderen Konspirateuren an der Spitze – durchzuführen. Und als ihnen und den von ihnen Mobilisierten an jenem Sitzungstag des ZK am 3. Dezember gelungen war, Krenz zu stürzen, sahen sie sich schon fast als die Sieger einer deutschen Oktoberrevolution. Und vorher, am 4. November, die Spira, die Reichel, der Schabowski und der Wolf und das ganze andere Gesockse!

Nein, die Konterrevolution saß in Gestalt des »neuen Denkens« bereits in den Köpfen der Mehrheit der Partei – und des ganzen Volkes. Wer Gorbatschow zujubelte, jubelte der Konterrevolution zu. Und das war eine dicke Mehrheit in Partei und Volk. Sie läßt sich nicht durch einen Einzelnen personifizieren, und schon gar nicht mit einem Krenz! Wäre dem so, er säße heute nicht im Knast, sondern z.B. als PDS-Abgeordneter im Europa-Parlament.

Übrigens: Gerade wird bekannt: Der »Europäische Gerichtshof« hat sein Urteil gefällt: Mit dem übertrumpft er noch die Siegerjustiz der BRD! Offenbar hat Großdeutschland den Herren und Damen in Strasbourg mit Nachdruck deutlich gemacht, wie »unabhängig« sie sein dürfen.

Das Ganze hat aber auch sein Gutes: Wer Illusionen darüber hatte, daß ein »Internationaler Gerichtshof« etwas anderes sein könnte als ein Repressionsinstrument der in den EU-Ländern herrschenden Klasse, der hat eine drastische und heilsame Lektion über die Allgemeingültigkeit der Marxschen Gesellschaftsanalyse erhalten.

23. März: Eigentlich sollte der Brief noch gestern auf den Postweg, aber dann haben mich Ihre Zeilen über Krenz als dem alleinigen Repräsentanten der Konterrevolution und Ihre Begründung dazu doch veranlaßt, mir Czichon/Marohns »Geschenk« vorzunehmen, um zu überprüfen, ob das,

was ich Ihnen aus meiner Erinnerung von damals geschildert habe, einer Konfrontation mit dem tatsächlichen Ablauf des damaligen Geschehens standhält. Es war das das erste Mal, daß ich in dieses Buch gründlicher hineingeschaut habe, aber es stand auf der Liste dessen, was ich bei der Arbeit an »Teil II« unbedingt zur Kenntnis nehmen muß.
Ich habe Czichon in der Vergangenheit mehrfach recht negativ erlebt und in einer in den »Mitteilungen« der Plattform in fünf Heften 1993 erschienenen, gegen den Artikel Sahra Wagenknechts »Marxismus und Opportunismus« in den »Weißenseer Blättern« (Heft 4/1992) gerichteten Serie von ihm und Heinz Marohn mit dem Titel »Marxismus und Dogmatismus« als einen chaotischen Möchtegern-Theoretiker und auf Trotzki schwörenden Stalin-Erlediger.
Ich war deshalb auch beim »Geschenk« der beiden auf Schlimmes gefasst, wurde aber zu meiner großen Überraschung positiv enttäuscht. Den trotzkistischen Anti-Stalinismus konnte er nicht völlig beiseite lassen, und was er über Gorbatschow schreibt, ist kompletter Unsinn: aber, geschenkt! Was ich bisher in dem Buche gelesen habe, ist eine erstaunlich gründlich recherchierte, nützliche Faktenzusammenstellung, die unbedingt ein Verdienst darstellt.
Zu meinem Austritt: Natürlich stellt der Austritt auch eine organisatorische Trennung von der Basisgruppe dar. Wie sich das weitere Verhältnis gestaltet – ob ich noch eingeladen werde und die Möglichkeit habe, weiter gegen die Führung zu stänkern, wird sich zeigen.
Als Generalsekretär möchten Sie mich treffen, ganz egal, in welcher Partei? Lieber Herr Hacks, wenn Sie einem Parteigebilde den schmählichen Untergang wünschen, dann müssen Sie dafür sorgen, daß der Gossweiler sein Generalsekretär wird! Ich habe mich in meinem Parteileben immer

dagegen heftig gesträubt, in eine Leitungsfunktion gesetzt zu werden. Als mich dann Karl Mewis 1948 dennoch zum ersten hauptamtlichen Parteisekretär an der Humboldt-Uni wählen ließ, dauerte es nur sechs Monate, bis ich moralisch und psychisch fertig war. Ich bin leider einer der Typen, deren Tat- und Entschlußkraft hinter ihrer propagandistischen Fähigkeit weit zurückstehen. Wie sehr beneide ich Leute wie z.B. Kurt Pätzold, bei denen Denk- und Tatkraft in gleicher Stärke ausgebildet sind!

Zum Schluß noch kurz zu Ihrem zweiten Brief.

Es ist für mich beruhigend, daß Vellays Artikel auch Sie in Sorge versetzte. Natürlich wird man einen Menschen in seinem Alter nicht mehr ändern, und das ist bei ihm ja auch wirklich nicht nötig. Aber selbst in hohem Alter ist der Mensch noch fähig, *Irrtümer einzusehen* und *falsches Denken zu korrigieren*. Wenn dem nicht so wäre, dann bestünde durchaus die Gefahr, daß nicht gültig bleibt, was Sie über Vellay sehr schön sagen: Seine Lebensverdienste werden die Fehler seines Lebens immer überwiegen. Deshalb meine »lange Epistel«. Da Sie den etwa gleichen Inhalt, aber auf einer Seite untergebracht haben, wäre ich Ihnen wirklich dankbar, wenn Sie mir als Gegengabe zur Kopie meiner Epistel an ihn eine Kopie dieser Ihrer Seite überlassen könnten. Ich weiß, daß mein Umgang mit der Sprache verbesserungsbedürftig ist, und ich möchte gerne lernen, mich auch kürzer, komprimierter und präziser auszudrücken.

Lieber Herr Hacks, nun noch als Letztes zu Ihrem Brief: Es tut natürlich wohl, daß Sie mich vor Zeit- und Kraftverschwendung warnen. Aber zu Ihrer Besorgnis, daß »offenbar jeder Niemand mühelos imstande« sei, mir »zu jeder mir hingehaltenen Nichtigkeit eine Vorlesung abzunötigen«, besteht wirklich kein Grund.

Erstens sind weder Losurdo noch Vellay »Niemands«. Was Losurdo betrifft, so schrieb mir Hans Heinz Holz: »Losurdo spielt in Italien politisch eine hervorragende Rolle auf dem leninistischen Flügel der Rifondazione.« Und ein italienischer Genosse aus Rom schrieb mir: »Natürlich volle Übereinstimmung mit der Kritik an Losurdo. Er ist ein sehr tüchtiger und tapferer Genosse, hat viel für Jugoslawien getan während des schrecklichen Angriffskrieges, aber er hat keine Ahnung, so scheint es, von der Kategorie des ›modernen Revisionismus‹. Dies ist eine gravierende Lücke und eine überall verbreitete Krankheit auch der ehrlichsten Genossen. Deswegen wäre es wichtig, Ihr Buch endlich zu übersetzen.«

Zweitens: Es ist gar nicht so wichtig, *wer* einem etwas hinhält, auf das man eingeht. Wichtig ist, welchen Einfluß er mit seinen Nichtigkeiten auf wen ausübt. Davon hängt ab, ob man ihm und seiner Nichtigkeit entgegentreten muß. Musterbeispiel: Herr Eugen Dühring.

Und *drittens* kommt es darauf an, ob das, womit man ihm entgegentritt, wichtig und nützlich für die Ausrüstung der eigenen Reihen ist. Dafür, daß die Auseinandersetzung mit Losurdo einem echten Bedürfnis entgegenkam, spricht erstens, daß ein Westberliner Genosse sich aus eigener Initiative daran machte, den Text als Broschüre zu drucken und in 100 Exemplaren zu vertreiben; und zweitens sprechen dafür die Äußerungen jener, die mir sagen, daß sie erst durch meine Losurdo-Kritik dahinter kamen, was bei Losurdo falsch war. Ich zitiere nur eine Stimme, eine westdeutsche Genossin Eva Ruppert, die mir u. a. schrieb: »Heinz Kessler schickte mir Deine kritischen Anmerkungen zu Losurdos ›Flucht aus der Geschichte‹; nachdem ich Losurdo in den Marxistischen Blättern gelesen hatte, war ich zunächst davon sehr angetan. Und darin eben liegt die Gefahr! Aber sein Fehler – und dem erliegen besonders viele ›West-Linke‹: in idealistischer Manier werden einzelne Ereignisse aus dem historischen Kontext herausgelöst ... Deine Analyse der konterrevolutionären Bestrebungen und Kämpfe ... überzeugt, weil sie durch historische Fakten untermauert ist.«

Abschließend noch: Frank Flegel fragte drängelnd: Wann kommt Teil II? Ich mußte ihm nun leider sagen: Bis Juni dieses Jahres bin ich lahmgelegt, denn die KÖWOGE wird unseren ganzen Block mit seinen 26 Wohnungen ab Mai modernisieren, und das bedeutet, einmal Auszug in eine Ersatzwohnung, und dann Rück-Umzug in die modernisierte (und um 4-500 DM teurere) Wohnung. Die Furcht vor dieser bevorstehenden Katastrophe hat die Immunkräfte meiner Frau so geschwächt, daß sie von der tückischen Sorte der jetzt grassierenden, sich lang hinziehenden Infektionskrankheit seit Januar gepackt ist. Ich selber habe ihr bis Ende Februar standgehalten, aber jetzt hat sie mich auch erwischt, wenn auch nicht so schwer wie meine Frau. Das neue Jahrhundert fängt also gar nicht gut an!

Dennoch behält den Kopf oben und grüßt Sie herzlich
Ihr Kurt Gossweiler

Lieber Herr Gossweiler, Ihr freundlicher Brief ist nun schon einen Monat her, und seine schlechten Nachrichten – die Wohnungskrise und Frau Gossweilers und Ihre Bazillen – haben mich dermaßen in Mitleiden versetzt, daß ich mich sofort daran machte, ihn zu beantworten. Während ich damit anfing, wurde ich krank.

Die Geschichte ist, daß meine eigenen Bazillen mich bis ins Krankenhaus führten, wo es mir nicht gefiel; für Dinge dieser Art bin ich nun doch schon zu alt. Es gab immerhin ein medizinisches Ergebnis: Jeder Verdacht auf Lebensgefahr ist ausgeräumt, und wenn das nicht viel ist, so ist es doch auch wieder etwas. Es gibt ja zur Zeit einen Klassenkampf zwischen den deutschen Kommunisten und dem Gevatter Tod. Keiner verlangt, daß jene diesen sollten überwinden können. Worum es geht, sind zehn oder fünf Jahre, die der Geschichte gut täten, falls man sie ihm noch vorenthalten könnte.

Hier meine verzögerte Antwort. Hier, sofern noch nötig, die Krenz-Schnurre und mein Beitrag zu Vellay. Hier mein Dank für die Dimitroff-Tagebücher-Exzerpte und die aus den Stalin-Molotow-Briefen, aber diese beiden Bücher, denke ich, muß man haben, und ich habe sie.

Besitzen Sie, lieber Herr Gossweiler, jenes Buch, das ich immer mein Onkel Sosso nenne, und das in Wirklichkeit Budu Swanidse: »Im engsten Kreis«, Stuttgart 1953, heißt? Es zählt, neben den zwei genannten, zu den drei Quellen, welche über Stalins Denk- und Lebensweise am besten Bescheid geben. Eine »Charakteristik« Stalins, eine gleichsam plutarchische Darstellung dieses großen Mannes gehört sicherlich zu den Texten, die uns sehr fehlen.

Rolf Vellay war so gütig, mir eine Kopie hiervon zu schenken. Ich habe Eberhard Czichon erlaubt, von meiner Kopie ein paar weitere Kopien ziehen zu lassen und hatte anschließend Schwierigkeiten, mein Manuskript von ihm wiederzukriegen.

Czichon und Marohn habe ich zwei Mal getroffen und habe nun ein Urteil über beide. Ich halte sie, alles in allem, für zuverlässige Leute. Die Abneigung gegen Stalin haben sie noch. Die Neigung zu Gorbatschow und der PDS ist ihnen gründlich vergangen.

Wenn Holz mir empfiehlt, Fra Domenico zu vertrauen, dann glaube ich nicht Losurdo, dann zweifle ich an Holz. Der einzige Leninist in Italien, von dem ich je hörte, war Togliatti. Ehe ich mich entschlösse, auf Gramsci oder Longo zu setzen, wäre es doch wohl noch eher auf Mussolini.

Welchen Trottel mit Namen Dr. H. Gregor hat Flegel jetzt an Land gezogen?

Über die Gründung der KPD kann man sehr viel oder muß man gar nicht reden. Es ist klar, daß diese Partei am Ende jeder politischen Arbeit stehen muß. Es ist ebenso klar, daß jeder Fehler auf dem Weg dorthin verhängnisvoll wäre. Steiniger ist nicht Lenin, aber ich bewundere die Besonnenheit und Behutsamkeit seiner Schritte. Er weiß wirklich, was er tut.

Ich bitte Frau Gossweiler und Sie, diesem Frühjahr 2001 zu widerstehen, und bleibe mit allen meinen Wünschen

Ihr
Peter Hacks

Lieber Herr Hacks,

auch ich hatte vor, Ihnen auf Ihren letzten Brief mit der unerwarteten Nachricht, daß sogar Sie ins Krankenhaus gezwungen worden sind, erst recht aber auf Ihre Sendung des Lehrbuches über die Romantik hin, Ihnen umgehend zu schreiben, um Ihnen für die große Freude zu danken, die Sie mir mit beidem bereitet haben. Diesmal war es nicht Krankheit, die mich davon abhielt, dem Vorsatz sofort die Ausführung folgen zu lassen, sondern zuerst die Lektüre Ihres Buches und sodann die Dimitroff-Tagebücher. Aus meiner Sendung von Auszügen daraus haben Sie ja ersehen können, wie sehr mich diese Tagebuch-Blätter beeindruckt haben.
Ich konnte einfach dem inneren Zwang nicht widerstehen, die von Dimitroff darin bereitgestellte Munition zur Zerstörung antikommunistischer Legenden aufzugreifen und abzufeuern. Das erste Geschoß konnten Sie schon im letzten Rotfuchs in Augenschein nehmen, die beiden nächsten lege ich diesem Brief bei; ein viertes – das schwerwiegendste und brisanteste – nämlich die Rolle Browders und Noël Fields behandelnde – ist noch in Arbeit. Diese drei sind für den Rotfuchs zu umfangreich, deshalb werde ich die Serie als Ganzes Frank Flegel anbieten.
Flegel wird mir – wie wahrscheinlich auch Sie – den Vorwurf machen, ich hätte besser getan, endlich den von mir versprochenen Teil II zu liefern, statt meine knappe Zeit wieder an ein neues Projekt zu verschwenden. Aber Sie werden mir hoffentlich zustimmen, wenn ich zu meiner Verteidigung sage: Erstens handelt es sich ja bei der Dimitroff-Auswertung um etwas, das zu diesem Teil II gehört;

zweitens um eine Auswertung der Dimitroff-Aufzeichnungen, die unbedingt gemacht werden muß; drittens sehe ich z.Zt. keinen, der das statt meiner machen würde; und schließlich viertens: Wenn man so etwas nicht sofort macht, solange man noch ganz im Banne des starken Eindrucks steht, den das Gelesene auf einen gemacht hat, dann wird es entweder überhaupt nicht oder viel schlechter, weil nicht mehr mit der Frische des soeben Erlebten und Empfundenen, gemacht.

In Ihrem Brief fragten Sie, ob ich das Buch »Im engsten Kreis« von Budu Swanidse kenne. Nein, ich habe den Titel noch nie gehört, nicht einmal von Vellay. Ob Sie wohl – trotz der schlechten Erfahrungen mit Czichon – sich zu dem Wagnis bereit finden würden, auch mir Ihre Kopie zu leihen, um davon selber eine Kopie zu ziehen?

Sie fragen nach »Dr. H. Gregor«, den sich Flegel an Land gezogen habe. Mir sagt der Name gar nichts; ich habe ihn aufgrund Ihrer Frage in den mir vorliegenden Offensiv-Heften gesucht und nicht gefunden. Sollte ich ein Heft, in dem er vorkommt, übersehen oder so tief in den viel zu vielen Haufen Papieres begraben haben, daß er zur Zeit für mich unauffindbar ist?

Nun also zum Wichtigsten dieses Briefes, zu Ihrem Buch über die Romantik.

Es war für mich ein Buch der Überraschungen. Die erste Überraschung: Ihre Widmung! *Das* mir! Von *Ihnen*! Der mir mit seinem Buch *seine Meisterschaft* und *meine Schülerhaftigkeit* in Sachen nicht nur der Literaturgeschichte, sondern auch der Geschichte überhaupt, geradezu schmerzhaft bewußt machte!

Die zweite Überraschung: Ihr Nachweis, daß literarische Richtungen nicht nur literarischer Ausdruck von Klasseninteressen und damit zugleich auch Bestandteil der Klassenauseinandersetzungen sind, sondern daß schon damals die im Streit liegenden Klassen sich sogar ihrer Geheimdienste und des schnöden Mammons bedienten, um auch in der Literatur die gewünschte Richtung zur herrschenden zu machen und die Literaten in die gewünschte Richtung schreiben zu lassen.

Dafür habe ich Ihnen sehr zu danken. Ich kann jetzt künftig die Attacken jener, die mich der primitiven Agentenriecherei bezichtigen, mit der Empfehlung parieren, sie möchten Ihr Buch und darin besonders die Abschnitte »Miniaturen und Miszellaneen« und »High Definition« studieren.

Übrigens: Haben Sie auch eine Vermutung darüber, ob nicht auch irgendwelche Dienste am Erscheinen des Enthüllungsbuches »Das Geschenk« interessiert waren?

Durch Eberhard Panitz erfuhr ich, daß auch in der neuen Nummer von »Konkret« wieder etwas von Ihnen zu lesen ist. Sind Sie dort wieder ständiger Autor? Dann müßte ich ja ernsthaft überlegen, dieses Magazin, das ich abbestellt habe, weil ich genauso wenig wie deutschen Nationalismus den israelischen unterstützen möchte, nicht doch wieder zu abonnieren, was ich allerdings wirklich sehr ungerne tun würde – gerade im Hinblick darauf, von welchen Diensten dieses Blatt seinen materiellen Rückhalt erhalten dürfte.

Und was ist mit der »Jungen Welt« los? Was mit Arnold Schölzel? Es gibt immer weniger Beiträge, deretwegen ich sie bisher trotz manchen Ärgers, den mir ihre Trotzki-Verehrung und Trotzkismus-Propaganda bereitet, gehalten habe. Kürzlich habe ich diesem meinem Ärger mit einem Leserbrief an Schölzel Luft gemacht (Kopie liegt bei), den er natürlich nicht gebracht hat.

Ich lege auch Kopien und Zeitungsseiten zu Ludo Martens und seiner Partei bei, die vielleicht auch Ihr Interesse finden.
Die gefürchtete Modernisierung unseres Wohnblocks ist um einen Monat hinausgeschoben, worüber ich sehr froh bin – ich kann deshalb noch einiges vor ihrem Beginn fertigstellen, wie Teil IV der Dimitroff-Auswertung.
Für die Pfingsttage sagen uns die Wetterfrösche viel Regen und kühle Temperaturen voraus. Dennoch: gesunde und erholsame Pfingstfeiertage und herzliche Grüße, auch von meiner Frau,

Ihr
Kurt G.

Anlagen: 1. Gossweiler, Vor 60 Jahren ...; 2. Gossweiler, Brief an Vera Butler; 3. Gossweiler, Brief an A. Schölzel; 4. Kopien zu Ludo Martens; 5. Ludo Martens über Congo; 6. Nadine Rosa-Rosso, Rede am 1. Mai 01

Lieber Herr Gossweiler, das Blatt 32/33 fehlt, was ich zu entschuldigen bitte. Falls ich es bei Herrn Czichon noch auftreibe, liefere ich es nach.
Welchem Geheimdienst wir das »Geschenk« verdanken? Ich wittere keinen. Das Buch ist rückhaltlos gegen Gorbatschow und die PDS gerichtet, und alle Dienste sind für Gorbatschow und die PDS (außer dem bayrischen). Die Autoren gehen ein wenig zu pfleglich mit Krenz um, aber sie berichten ja doch seine Untaten, und es gibt keinen Dienst, der für Krenz wäre. In der Stasi gehört ihm doch allenfalls eine Minderheit, und zwar die völlig insolvable.
Die Auswertung des Dimitroff ist eine verdienstvolle und dankenswerte Sache. Falls Sie herausfinden, daß Browder doch kein Schurke war, können Sie wieder eine schöne Überraschung für die Menschheit verbuchen. Stalins Begründung für die Auflösung der Internationale hat mir nie gefallen, sie ist ja auch offensichtlich gelogen. Stalin hat immer theoretische Begründungen zur Hand, wie er sie eben braucht, ob sie stimmen oder nicht. Warum kann der Mann nicht sagen: Wir geben die Internationale preis; es fiel uns ein, als Hitler sie nicht so sehr mochte, und wir taten es, weil Churchill sie uns verboten hat?
Meine Sommeradresse, zu welcher ich mich jetzt hinbegebe, erwähne ich aus Vorsicht: P. H., Fenne, 15806 Groß Machnow, 033708-20857 (vormittags). Und grüßen Sie auch Frau Gossweiler.

Ihr
Peter Hacks

Lieber Herr Gossweiler, hier, wie angekündigt, die besagte Seite vom Onkel Sosso sowie der DKP-Gründungsparteitag, oder doch das von dem, was zu kopieren mir seinerzeit nicht zu langweilig war. (Ich habe ihn nun wieder kopiert; denn er ist das Porto nicht wert, ihn zurückzuschicken). Ein paar hübsche Zitate für die RotFuchsPartei, glaube ich, enthält er. (Wissen Sie, weshalb neuestens deutsche Hauptwörter so viele Großbuchstaben enthalten?)
Daß der August ein schöner Sommermonat sei wie diesmal, ist selten. Im September werden wir alle dafür bezahlen. Ich grüße Frau Gossweiler und Sie

bei starkem Nordwind
Ihr Peter Hacks

Lieber Herr Gossweiler, ich danke für das Konvolut. Wo mans packt, ists interessant.

Thieles Aufsatz,
dessen Herstellung ich seinerzeit aufmerksam begleitete, habe ich in dieser endgültigen Form nicht gekannt. Ich finde ihn lieb. Der Verfasser ist sehr fröhlich, ungemein fleißig und von stellenweise außerordentlichem Spürsinn; natürlich befinden sich unter seinen Spekulationen auch solche, die zu gewagt sind. Ich weiß immer noch nicht, wer Thiele ist, kann aber inzwischen sagen, was Thiele werden wird: kein Dichter, kein Wissenschaftler, kein Politiker. Thiele bleibt bis ans Ende seiner Tage ein Feuilletonist.
Aber, wenn wir Glück haben, ein guter.

Die Einmütigkeit Fields und Browders
entspricht dem, was ich erwartete. Es gab einmal einen Fernsehfilm mit Hermann Field über und zugunsten Noël Fields; ich habe selten ein unverkennbareres Agentenleben erzählt bekommen. Einer kann nicht gleichzeitig Fields Biographie haben und leugnen, ein Spion zu sein. Es war diese Nachricht dieses Propagandafilms, die mich veranlaßte, bei Ihnen anzufragen, ob irgendeine Tatsache auf der Welt gegen Noël Fields Arbeit für den US-Dienst spreche.
Die Antwort ist klar. Keine.

Czichons Beschuldigungen gegen das ZK in Sachen Abs scheinen mir weniger unglaublich als Ihnen. Ich begründe das mit meinem beiliegenden Couplet von 1990, welches daran erinnert, daß nicht nur in der Staatssicherheit, sondern auch

im ZK-Sekretariat die Konterrevolution ihre Kommandostellen innehatte. Gysi erklärt mit viel Aufrichtigkeit, er habe gar nicht nötig gehabt, der Stasi anzugehören, er habe ja der Rechtsabteilung unterstanden. Ich selbst habe die Kulturabteilung sowohl beim methodischen Hätscheln bekannter DDR-Feinde als bei ausgiebigen Kommunistenverfolgungen beobachtet. Nun ist bei Czichon von der Westabteilung die Rede. Daß diese Westabteilung sich diesen Namen verdient haben solle, will mir nur allzu sehr einleuchten.
Wie war diese Sache mit dem Herrn Häber?
Mit Kaul war ich gut befreundet. Ich weiß, wie FKK einen Prozess gegen die Deutsche Bank gern geführt haben würde. Wir befinden uns in dem schrecklichen Jahr, in dem Honecker beliebte, Kaul zu entmannen und Vogel über unsere Kameralien zu setzen. Ihr Anti-Köhler in konkret 95-8 mag stimmen, was Czichons Imponiergehabe angeht, aber indem Sie den Umstand vernachlässigen, daß die Czichonaffaire zwischen Ulbricht und Honecker einen Knick und totalen Drehpunkt durchlief, berauben Sie sich Ihrerseits der Möglichkeit, die vollständige Wahrheit zu formulieren.

Czichon als Denker
wurde von Ihnen und mir am Telephon bestimmt. Er war 1989 Gorbatschowist, will sagen, er war Antistalinist, und zwar als ein Linksler, der Stalin einen Linksler nennt. Ich neigte also dazu, ihn für einen Mann zu halten, der, was das »Geschenk« angeht, in der Sache Recht hat, aber mit den falschen Vokabeln. Das allerdings wußten Sie besser. Seit Sie mir den Fünfteiler von Czichon/Marohn zur Kenntnis gebracht haben, weiß ich es nun auch besser.
(Wenn man weiß, daß einer blind ist, sieht man es ihm auch von hinten an).

Was sind diese Leute, Gramscianer? Ich hatte noch nie einen Gramscianer gesehen, wollte auch keinen sehen. Ich lebte ganz gut ohne Zivilgesellschaft und Hegemonie, war aber für kulturelle Überlegenheit des Sozialismus, die der Sozialismus in jedem Bereich der Künste immer hielt, ausgenommen freilich in den bürgerlichen Medien. Jetzt führen diese elenden Brüder aus und vor, daß Gramsci nicht Besseres war als Trotzki: wieder einer, der beweist, daß Stalin kein Fortsetzer Lenins und insofern das Ende des Marxismus in der Arbeiterbewegung war. Und eben diesen Beweis mußte führen, wer – für irgend eine ZK-Abteilung – die Ideologie einer Kommunistischen Plattform innerhalb einer Partei zur Rücknahme der SED zu formulieren den Auftrag hatte.

Der Ursprung der Plattform liegt ja noch immer sehr im Dämmer.

Für mich sieht es nun so aus, als seien Czichon und Marohn die eigentlichen Gründer, nicht etwa die drei vorgeschickten Dreigroschenjungs von der Humboldtuniversität. Und noch zu begreifen bleibt mir die zweite Welle, Wagenknecht und Brombacher. Ich glaube von beiden zu wissen, wo sie herkommen. Wo hin gehen sie, und warum gehen sie, wohin sie gehen?

Es versteht sich, daß ich das »Geschenk« neu zu lesen habe; denn die Herren, die es brachten, sind Danaer. Ich grüße Frau Gossweiler und Sie, stets und herzlich,

Ihr Peter Hacks

Anlage

Modrow
Er will den Sozialismus, schwört der Mann.
Ich frage, warum stürzte er ihn dann?

Die Antwort weiß der Wind sowie:
Das KGB (samt Lutsch), die CIA,
Das MfS, oft auch der BND.

Zusatz
Natürlich eine Menge Peilungen
Entfiel auf die ZK-Abteilungen.

Lieber Genosse Hacks,

die Anrede und das Datum verraten Ihnen, daß dies ein Geburtstagsgruß- und Glückwunschbrief ist, der aber leider an ihrem Geburtstag erst geschrieben werden kann, statt schon bei Ihnen einzutreffen, weil die Nähe zum Geburtstag meiner lieben Frau Edith – ihr Geburtstag liegt zwei Tage vor dem Ihrigen – mich in diesem Jahr daran gehindert hat, diesen Brief rechtzeitig schreiben und in den Kasten werfen zu können.
Der Einfachheit halber schließe ich mich den vielen guten Wünschen an, die Sie heute erhalten haben, besonders denen, die Ihnen ganz besonders gut gefallen haben. Wenn ich mich allerdings an Ihre Worte aus Ihrem Brief an André Müller vom 6.4.89 zu dessen Geburtstag halten würde, dann hätte ich Ihren Geburtstag übergehen sollen.
Das möchte ich aber keineswegs, schon gar nicht, da Sie mir quasi zu Ihrem Geburtstag ein Geschenk machten, für das ich mich ganz herzlich bedanke – Ihr ebenso aufschlußreiches wie vergnügliches Hammer-und-Sichel-Briefwechsel-Büchlein, auf dessen weitere Seiten ich durch das bereits Genossene ungeheuer neugierig bin.
Sehr froh bin ich, daß ich Ihnen in Bälde mit einer Gegengabe danken kann – meine »Taubenfuß-Chronik«, Bd. I, ist nun doch noch zu meinen Lebzeiten erschienen und wird demnächst auf die Reise zu Ihnen geschickt. Zunächst mit diesem Brief erst einmal einen Eindruck vom Umschlag und vom Inhalt.
Ihr Briefwechsel mit A.M. hat mir wieder einmal meine enge Schmalspur-Bildung vor Augen geführt – aber woher soll bei

meiner Generation und bei meinem Lebensweg jene klassische humanistische Bildung herkommen, die ich bei meinem Institutsdirektor an der Humboldt-Uni, Joachim Streisand, so sehr bewundert habe?
Schön fand ich, daß Rolf Vellay in ihrem Buch eine so treffende Würdigung gefunden hat.
Ihre Bemerkung auf der gleichen Seite über Ihr bis 21.10.89 anhaltendes Vertrauen zu Gorbatschow – was eigentlich geschah an diesem Tage, das dem ein Ende bereitete? – hat mich dazu gebracht, noch einmal meine Notizen anzusehen, aus denen die Etappen meines Weges zur bitteren Erkenntnis zu ersehen sind. Vielleicht sind diese Aufzeichnungen auch für Sie von Interesse, deshalb schicke ich sie Ihnen als Büchersendung. Sollte Ihnen aber diese Menge beschriebenen Papieres lästig sein – dann in den Papierkorb damit!
Ich möchte diesen Brief nicht beenden, ohne mich nochmals für Ihre Antwort auf meine »Konvolut«-Sendung, Czichon und Marohn betreffend, zu bedanken, und dem Dank zugleich auch noch einige Bemerkungen und Fragen anzufügen.
Schön, daß wir über die Fields einig sind. Mein Aufsatz in »Offensiv« hat mir zwei Zuschriften eingebracht von Leuten, die mich auf englische und amerikanische Veröffentlichungen aufmerksam machten, in denen Fields Agentenrolle zweifelsfrei bezeugt wird. Das werde ich noch einarbeiten.
Nochmals zu Czichon und Marohn.
Ihre Bemerkung, die Czichon-Affäre habe zwischen Ulbricht und Honecker einen Knick und einen »totalen Drehpunkt« durchlaufen, verstehe ich nicht, weil sie auf Dinge anspielt, die mir offenbar unbekannt geblieben sind.
Zu Ihren Feststellungen, die ZK-Kulturabteilung betreffend: Ich habe da kaum eigene Einblicke, daher meine Frage,

welche Zeit gemeint ist, wenn Sie vom Hätscheln bekannter DDR-Feinde und von ausgiebigen Kommunistenverfolgungen sprechen. Noch vor der Konterrevolution?

Auch mit der Westabteilung hatte ich nichts zu tun, deshalb weiß ich auch nichts über die Hintergründe der Berufung und alsbaldigen Abservierung Häbers. Wenn Sie mich da aufklären könnten, wäre ich dankbar.

Zu »Czichon als Denker«: Als Denker habe ich Czichon nie erlebt, wohl aber als Sammler und Aneigner von Materialien anderer, die er dann – oft genug durch seine Bearbeitung verschlimmbessert – als seine Gedanken bzw. als von ihm entdeckte Materialien der Welt vorführt. Ich bin deshalb auch ziemlich sicher, daß »Das Geschenk« ein Kollektivprodukt nicht nur von zwei Leuten ist, und daß die Anregung dazu von einer interessierten Seite ausging. Welche und mit welcher Absicht, darüber will ich nicht spekulieren, solange ich das Buch nicht bis zur letzten Seite gelesen habe. Und das kann bei meiner Langsamkeit noch dauern.

Die Zusammenstellung des Materials, die Schilderung der chronologischen Abläufe ist nützlich und verdienstvoll, ist aber wohl kaum von den beiden als Autoren Genannten allein erfolgt. An der Auswahl, Durcharbeitung und Zusammenstellung der Fülle des angegebenen Materials dürfte mit ziemlicher Sicherheit eine Arbeitsgruppe im Hintergrund vorbereitend und beratend beteiligt gewesen sein.

Während sein sachlicher Gehalt das Buch wichtig macht, sind viele der Einschätzungen und Urteile der beiden Autoren einfach lachhaft. So ihre Darstellung Gorbatschows als eines, der eigentlich mit seiner Perestroika ehrlich und aufrichtig den Sozialismus verbessern wollte, aber schließlich daran scheiterte, daß er immer wieder zu »stalinistischen Methoden« griff. Oder ihre Kritik an Versäumnissen und

Fehlern von Egon Krenz, die einen nur zutiefst bedauern läßt, daß Egon die beiden nicht zu seinen Beratern berufen hat – hätte er das getan, die DDR gäbe es heute noch!
Lächerlich auch ihre Pose der unparteiischen, objektiven Analytiker und Berichterstatter eines historischen Prozesses, in dem sie zwar mittendrin standen, – aber an keiner Stelle sprechen sie davon, welche Position sie selbst damals eingenommen haben – sie schildern den Ablauf so, als ob sie die ganze Zeit als kritische Beobachter daneben gestanden und sich Notizen für kommende Zeiten und Urteile gemacht hätten.
Aber trotz dieser Pose von Inhabern eines unparteiischen Schiedsrichteramtes über Falsch und Richtig ist leicht zu erkennen, wo sie wirklich standen: Als Anti-Stalinisten waren sie begeisterte Gorbi-Fans und deshalb auch Unterstützer von Egon Krenz, der Gorbatschows Perestroika in die DDR übertragen wollte, womit sie völlig einverstanden waren. Und weil sie diesen Ansatz bis zum heutige Tage für richtig halten, kommt bei ihnen heraus, daß sowohl Gorbatschow wie Krenz scheiterten, weil sie keine konsequenten Perestroikaner blieben, sondern diese und jene Fehler und Abweichungen vom richtigen Pfad begingen und deshalb vom echten, rechten Perestroika-Kurs abkamen und deshalb scheitern mußten.
Sie fragen: »Was sind diese Leute, Gramscianer?«
Nein, sie haben nur von Leuten wie Harald Neubert und Wolfgang Fritz Haug geklaut, die als Gramscianer gelten, weil sie Gramsci, der sich nicht dagegen wehren kann, dazu mißbrauchen, dem »stalinistischen« Marxismus-Leninismus ihren Eurokommunismus mit Zitaten aus Gramscis Gefängnis-Schriften als auf Gramsci beruhendem »modernen« Marxismus entgegenzustellen. Gramsci so ins Feld zu

führen, wie das Czichon tut, ist eine typisch trotzkistische Masche.

Wenn Sie den wirklichen Gramsci kennenlernen wollen, empfehle ich Ihnen die beiden als Kopien beigelegten Titel von Togliatti über Gramsci, und Gramsci-Schriften, herausgegeben von Guido Zamis, 1980 bei uns im Reclam-Verlag erschienen.

Zur Plattform: Ich habe mit ihr sympathisiert, habe aber nie dazugehört. Den ersten Kontakt mit ihr habe ich anfangs der neunziger Jahre durch Ellen Brombacher und Sahra Wagenknecht bekommen, als die beiden noch ab und zu an Veranstaltungen der »Linken Runde« von Hanfried Müller und der »Marzahner Runde« von Renate Schönfeld teilnahmen und ich dadurch mit beiden bekannt wurde. Damals abonnierte ich auch die »Mitteilungen«. Und ebenfalls damals bekam ich auch mit, daß mein ehemaliger Kollege als Lehrer an der Landesparteischule in Bestensee, Heinz Marohn – ich war dort nach meiner Rückkehr aus der Sowjetunion vom Sommer 1947 bis Oktober 1948 ebenfalls als Lehrer tätig –, den ich seit meinem Fortgang von der Schule aus den Augen verloren hatte, eine führende Rolle in der Berliner Plattform spielte, worüber ich mich natürlich freute, wie man sich über jeden früheren Bekannten gefreut hat, der kein Wendehals geworden ist. Aber bei den wenigen persönlichen Begegnungen, die wir hatten, hatten wir uns nichts zu sagen.

Mit dem Ursprung der Plattform habe ich mich nie beschäftigt, weil ich sie nie als »meine« Organisation empfand. Die Frage, die Sie in Bezug auf Sahra und Ellen stellen: »Wo hin gehen sie, und warum gehen sie, wohin sie gehen?« ist auch eine meiner Fragen. Ich werde nächste Woche Gelegenheit haben, sie Ellen selber zu stellen.

Nochmals alle guten Wünsche fürs neue Lebensjahr und

herzliche Grüße, auch von meiner Frau,

Ihr Kurt Gossweiler

Meine Versuche, sie heute, am 22.3., telefonisch zu erreichen, blieben leider ohne Erfolg, statt Ihrer Stimme ertönte nur immer das Besetztzeichen.

Lieber Herr Gossweiler, Dank für Ihren gütigen Geburtstagsbrief, das Geburtstagspaket, die zwei KPD-Schriften zu »Weimar und die Nazis« und insonders die Taubenfußtritte, ansehnlich, wie sie sind, und pünktlichst bestellt von Freund Eggerdinger.

Um also mit den Tauben zu beginnen: Das ist die Geschichte einer großen Recherche, deren Gelingen wahrscheinlich den Sozialismus in Deutschland gerettet hat. Inzwischen sind die Ergebnisse, die Sie und ganz allein Sie erarbeitet haben, in den erzogeneren Kreisen geläufig. Aber sie müssen breitesten Kreisen bekannt werden, und der Mitvollzug Ihres Denkens ist eine anziehende Weise, den Leser einzuladen und zu beschäftigen. »Was nutzt mir ein Ergebnis, wenn ich nicht weiß, wie es zustande kam?«, ist das nicht Hegel, der so redet?

Auch ich bekenne, nicht gewußt zu haben, daß die sogenannte Geheimrede kein Teil des XX Parteitags der KPdSU, zu dessen Materialien sie bis heute nicht gerechnet wird, sondern ein Solo-Abend und eine Privatvorstellung Chruschtschows war. Die Beschreibung des bisher unsichtbaren Kampfs der Partei gegen den Revisionismus, der ja bis Gorbatschow fortgedauert hat und ausgerechnet am heutigen Tag gegen Putin wieder einmal verloren ging, hat viel Tröstliches. Das Zusammenwirken Titos und Chruschtschows, das Hinzutreten Gomułkas und Kádárs – es ist das traurige Bild eines halben Jahrhunderts, das eine Niederlage, aber nun doch wenigstens keinen grundlosen oder unerklärlichen Niedergang, enthält.

Fast ähnlich eindrucksvoll fand ich die »Chronik des Zweifels«, zumal auch ich diesen Prozeß einer Gorbatschowdurchdringung als keinesfalls kurzen durchgemacht habe. Auch ich hielt das Gorbatschowsche Parteiprogramm für faszinierend, ungeachtet der Ausfälle gegen Stalin, die mich unnötig dünkten. (»Unnötig«, wie dumm man war!)

Den Ausschlag für meine endliche Entscheidung gegen Gorbatschow gaben andere Überlegungen als die, die ihn bei Ihnen herbeiführten, abstraktere. Bei Ihnen war es vor allem die Analogie zu den Banditen Tito und Chruschtschow, die Sie in diesem Banditen wiederfanden. Bei mir war es eine Merkwürdigkeit im Umgang mit den sozialistischen Klassen. Gorbatschow begann mit einer Linie zugunsten des Leistungsprinzips, will sagen, der technisch intelligenten Klasse. Das konnte man ja machen, mußte dann aber, aus Stabilitätsgründen, gleichzeitig eine Stärkung des Parteiapparats betreiben. Stattdessen gefiel sich Gorbatschow dem Apparat gegenüber in Blutbädern großen Umfangs. Als ihm dann plötzlich einfiel, eine materielle und politische Förderung des Proletariats zu verlangen, wurde es mir zu bunt. Politik für alle Klassen zugleich, das konnte einmal nur Hitler. Ich sage nicht, daß ich Gorbatschow bereits als Todfeind erachtete, aber ein Quatschkopf war und blieb er mir fortan.

Hochinteressant Ihre Darlegungen zu der allerpeinlichsten »Was tun mit der SPD«-Frage. Ich glaube Ihnen, daß es für die KPD in den 20ern eine richtige SPD-Politik gab. Aber ich glaube nicht, daß es möglich war, sie durchzuführen, überkompliziert, wie sie war. Ich glaube, daß es im Reich der Tatsachen für die Kommunisten nur die Wahl gab, sich den Nazis zum Fraß vorzuwerfen (was sie taten) oder sich der SPD zum Fraß vorzuwerfen, was sie nicht taten. Vielleicht gottlob nicht, denn hiervon gibt es keine Erholung und keine Wiederkehr.

Die Togliatti-Seiten über Gramsci: große Worte und extrem nichtssagende. Das ist natürlich Absicht; der Text stammt wohl auch nicht aus Togliattis bester Zeit. Wie immer, außer Togliatti, der Gramsci liebte, treffe ich noch 500 Dissidenten, die Gramsci lieben. Allzu unmißverständlich scheint er sich nicht ausgedrückt zu haben.
Nicht ganz klar ist mir übrigens auch Ligatschows heutige Rolle, außer wir rechnen ihm Nina Andrejewas heutige Verdienste zu, so wie wir ihm ihre damaligen Verdienste zweifelsfrei zurechnen dürfen.
Der Taubenfußtritt, der Sie am beliebtesten machen wird, ist natürlich die Schnurre von den Taten der Doktoren. Zumindest beim Shdanow Murder ist die Verbindung der Ärzte zu einem jüdisch-amerikanischen Wohltäterklüngel, lauter medizinischen Noël Fields, soweit ich das erinnere, notorisch und als wahr erwiesen.
Endlich sende ich Ihre Glückwünsche, stark nachträglich, zu Frau Gossweilers Geburtstag ins Haus Gossweiler zurück und bleibe immer

Ihr
Peter Hacks

Lieber Herr Gossweiler, daß wir in diesem Sommer überhaupt nicht von einander gehört haben, lag, was meine Seite angeht, daran, daß es nicht leicht war, dem widerstrebenden Körper noch ein vertretbares Maß an Produktion abzutrotzen. Ich bin leider ziemlich sicher, daß sich dasselbe auch von Ihnen wird sagen lassen. Mit dem Ergebnis obgemeldeten Arbeitsquantums bin ich nun aber ziemlich zufrieden; es gibt die wichtige Neufassung eines wichtigen Dramas, und es gibt ein kleines Buch, das gar nicht überflüssig ist; ich will von dieser Mitteilung von meiner Seite auf ein gleich Erfreuliches auf Ihrer Seite nicht ohne weiteres schließen, aber es zu hoffen müssen Sie mir erlauben.

Denn wenn zwar wahr ist, daß einer in Ihrem unglaublichen Alter keine Pflichten mehr hat außer der, die staunende Welt mit seiner Existenz zu erfreuen, so sind Sie nun einmal im Wort bei sich selbst über einen anderen Band von denen Taubenfüßen. Und auch ist ja wahr, daß die Pflicht mehr Vergnügen macht als das Vergnügen.

Die deutschen Kommunisten haben gute Parteiführer, nun ja, jedenfalls einen, und gelehrte Marxisten, nun ja, jedenfalls einen, und begnadete Dichter, eben mich. Aber wer ist es, den das Menschengeschlecht groß nennt? Es ist der, der die Menschheit lehrt, ihr Unwissen aus einem Hauptpunkt zu kurieren, sei es die Sonne, die in der Mitte steht, das westliche Indien oder unser Vater, der Affe. So eine anschauliche und ruhmbegründende Hauptsache ist für unsere Theorie der Verrat des XX Parteitags. Ohne Sie, lieber Herr Gossweiler, das kann festgehalten werden und wird es, wäre gar nichts gegangen. Sie haben dem Denken zwischen 1980 und 2012 die Richtung gegeben.

(Wie sehr es mich entzückt, wenn so ein Geheimdienstwissenschaftler oder CIA-Politiker, um einen Mann völlig aus dem Gesamt der Zivilgesellschaft herauszuqualifizieren, ihn einen Gossweileristen nennt! Er muß nichts hinzufügen, er hat alles gesagt, ein bloßer Name tut es, das, nur das, ist Ruhm).

Ich wünsche Ihnen nichts, Sie haben Ihres. Ich möchte, daß Ihre Frau und Sie von den kleinen ekelhaften Mißhelligkeiten des Lebens so weit wie möglich verschont bleiben. Ich möchte, daß Sie Glück haben. Die Tücke des Objekts ist ein so großer Feind unserer Rasse, wie F.T. Vischer sagt, und meine Frau war eine sehr frühe Gossweilerianerin, als sie als kleines Schulkind diesen Terminus immer wie »die Tücke der Sowjets« mißverstand.

Die Befreiung der PDS von einigen der größten und vitalsten Krebszellen war keine umwälzende Nachricht, aber doch eine Nachricht, und die schrecklichste Welt ist ja die Welt, in der Nachrichten gar nicht erst vorkommen und der wir nicht wenig nahe waren. Die Nachricht war nicht bekräftigt von einem Ausschluß des alten Vorstands, einem Ausschluß der ND-Redaktion und einem Ausschluß der Luxemburgstiftung. Die PDS hat den Krebs noch, aber man schwankt doch schon manchmal wieder, ob man sie eine Partei nennen soll oder ein Carcinom.

Je höher die Jahre, je höher der Feiertag. Diese Gemeinplätze also zu Ihrem Jubiläum und in Treue

von Ihrem
Peter Hacks

Lieber Herr Hacks,

es ist unverzeihlich, daß ich auf Ihren so ermutigenden Brief zu meinem 85. so lange nicht geantwortet habe und Ihnen erst jetzt herzlich dafür danke. Aber vielleicht können Sie als Erklärung gelten lassen, daß ich einen Brief an Sie nicht beginne, so lange ich nicht die Möglichkeit habe, in Ruhe meine Gedanken zu sammeln und meine Worte zu wählen. Bislang konnte ich das aber nicht.

Aus dem Bedürfnis, jedem Trubel um den 5. November herum zu entgehen, sind wir am 2. November aus Berlin geflohen, in die wunderbar schöne und beruhigenden Wald- und Seen-Landschaft um Lychen herum, aus der wir erst am 10. November zurückkehrten.

Aber es dauerte dann doch bis heute, daß ich den Schreibtisch wieder so frei bekommen habe, daß ich endlich mit dem überfälligen Brief an Sie beginnen kann.

Daß mir von allen Grüßen, die ich zu Hause vorfand, der Ihre eine ganz besondere Freude bereitete und mir besonders wichtig ist, muß ich Ihnen nicht ausdrücklich versichern – es versteht sich von selbst.

Leider aber kann ich Ihr Schreiben kaum einem meiner Freunde zu lesen geben, ohne mich dem Verdacht auszusetzen, ich litte an der gleichen Krankheit wie unser selbsternannter Über-Marx des 20. und des 21. Jahrhunderts, (dessen neuestes Werk uns das ND gerade wieder wärmstens empfohlen hat), – so sehr des Guten zuviel an rühmenden Worten finden sich darin.

Von den von Ihnen und auch von anderen Gratulanten erwähnten Erwähnungen des Gossweiler als eines besonders schlimmen Negativ-Exemplars habe ich leider bisher nur gehört, noch keine selber vor Augen gehabt. Könnten Sie helfen, meine Neugierde, diese im Original kennenzulernen, zu befriedigen? Gewissermaßen als nachträgliches Geburtstagsgeschenk?

Ich habe nicht den Eindruck, daß die Antirevisionisten schon viel Bewußtsein vorwärts bewegt haben. Ich habe eher den Eindruck, daß als Reaktion auf das, was von manchen mit Erschrecken als »Restalinisierungs«bemühungen durch einige »Traditionalisten«, wie Vellay, Gossweiler und – horribile dictu! – sogar von einem weltbekannten Dichter! empfunden wurde und wird, eine Gegenbewegung in Gang gesetzt wurde, zu deren Verbreiterung sich nicht nur das ND zur Verfügung stellte, sondern auch – sogar als Startschußgeber – die »junge welt«. Als Startschuß dazu – ob als solcher gedacht, sei dahingestellt – kann man nämlich den am 1. November als Geburtstagslaudatio für Wolfgang Ruge in der »jungen welt« erschienenen Artikel seines und meines ehemaligen Kollegen am Zentralinstitut für Geschichte der Akademie der Wissenschaften der DDR, Werner Röhr, betrachten, in dem zustimmend Ruges Ansicht aus dessen Buch »Stalinismus – eine Sackgasse im Labyrinth der Geschichte« zitiert wurde, nach der »die stalinistische Gesellschaft« keine sozialistische, sondern eine auf Leibeigenschaft der Bauern und Sklavenarbeit der »elf Millionen Menschen in den Straflagern« beruhende »Gesellschaft sui generis« gewesen sei. Der solcherart zu seinem 85. Geburtstag Geehrte veröffentlichte 7 Tage später im ND auch einen Geburtstagsartikel zu einem 85., nämlich zum fünfundachtzigsten Jahrestag der Oktoberrevolution, die bei Ruge keine Revolution mehr ist, sondern nur noch ein »Aufstand der Bolschewiki«, und für die der von einem der eindrucksvollsten

Schilderer der welthistorischen Bedeutung Lenins und der Oktoberrevolution zu einem der hemmungslosesten Schmäher beider Herabgestürzte als Überschrift wählte: »Als Lenin nur noch Gemüse züchten wollte«. Natürlich hat er mit dieser Schmähschrift überwiegend heftigen Widerspruch hervorgerufen, aber doch auch überraschend Vielen ganz offensichtlich eine große Freude bereitet; und deren Zuschriften hat das ND zumeist den größten Raum eingeräumt; (ND v. 14.11.: »Tapferes und ehrliches Pamphlet«, und »Schöpferischer Revisionismus«: Diesen *zwei* Pro-Ruge-Zuschriften wurden mehr als doppelt soviel Spalten eingeräumt, als *sieben* Ruge-kritischen Leserbriefen zusammen! Ähnlich in späteren Nummern des ND.)
Was die »junge welt« angeht: Die hat in ihrer Nummer vom 2./3. November zu meiner großen Überraschung sogar auf meinen 85. Geburtstag aufmerksam gemacht; aber nicht als auf den eines, der eine Gegenposition zu Ruge vertritt, sondern sie stellten mit einem Artikel-Ausschnitt zum Thema NSDAP und Arbeiterklasse den *Faschismusforscher* Gossweiler, nicht aber den Anti-Revisionisten Gossweiler vor; dessen Veröffentlichungen mag man bei der j.w. nicht so sehr. (Zum Beleg dafür lege ich Ihnen eine Kolumne bei, die Brigitte Hering 1994 zu meiner in den Weißenseer Blättern erstmals veröffentlichten Brüsseler Rede gegen den Antistalinismus im ND veröffentlichte, als sie noch in dessen Redaktion zusammen mit Holger Becker den linken, kommunistischen Kern bildete, bevor beide aus eben diesem Grunde für das ND »nicht mehr tragbar« waren und sich einen anderen Arbeitsplatz suchen mußten. Ich lege Ihnen ebenfalls meine Antwort an Brigitte H. in Kopie bei. In der jungen welt ist meines Wissens Brigitte jetzt für die Thema-Seiten zuständig, auf denen die Röhr-Laudatio für Ruge erschien.)

Ein weiteres Symptom für die »Gegenbewegung«: Die »Marxistischen Blätter« bereiten den 50. Jahrestag von Stalins Tod mit der Neuherausgabe der Schrift von Wolfgang Abendroth »Der theoretische Weltkommunismus« vor, dessen Kapitel 4 überschrieben ist: »Der Stalinismus«. Damit führt die DKP durch die Hintertüre den »Stalinismus« (und damit natürlich auch den Antistalinismus!) wieder in die Diskussion ein, obwohl vor Jahren beschlossen wurde, die Partei lehne den Begriff »Stalinismus« wie auch den des »Antistalinismus« ab und werde beide nicht mehr verwenden. Die Schrift von Abendroth wird auch wieder mit dem Vorwort von Werner Hofmann versehen sein. Darin behauptet Hofmann fälschlicherweise, Lenin habe von der Möglichkeit einer sozialistischen Umwälzung in einem einzelnen, sogar rückständigen Lande, *erst nach* der Oktoberrevolution gesprochen. Stalin sei dann noch über Lenin hinausgegangen mit der Feststellung, nicht nur die sozialistische Revolution, sondern sogar der Aufbau des Sozialismus in einem einzelnen Lande sei möglich. So wird Lenin also die Trotzki-Auffassung unterschoben, der Aufbau des Sozialismus in der Sowjetunion alleine sei unmöglich – als ob er nicht am Aufbau des Sozialismus in der Sowjetunion festgehalten habe, auch nachdem klar war, daß die Sowjetunion für eine längere Zeit allein bleiben würde. Auf diese Weise wird Lenin faktisch zum Trotzkisten und Stalin zum Anti-Leninisten gemacht. So bereitet die DKP ihre Mitglieder und Sympathisanten auf den 5. März 2003 vor. Soviel kann man gar nicht schreiben, wie man dazwischenfahren möchte – aber man muß mit der noch verbliebenen Zeit und den noch verbliebenen spärlichen Kräften haushalten.

15.12.2002

Inzwischen ist in dieser Richtung fast das Schlimmste passiert, was sich denken läßt: In der »j.w.« vom 13. Dezember erschien unter der total blödsinnigen Überschrift: »Stalin war kein Knuddelbärchen« von einem »Anton Pam« (???) ein zweiseitiger Artikel »Chinesische Wissenschaftler erklären den Zusammenbruch der Sowjetunion«, der die schon genügend großen Besorgnisse um den Kurs und die Zukunft der VR China um Vieles anwachsen läßt. Man kann nur hoffen, daß die in diesem Artikel vorgeführten »Wissenschaftler« und deren Ansichten keine Wiedergabe der in der KP Chinas derzeit vorherrschenden Auffassungen sind, denn wenn dem so wäre, dann wäre ziemlich sicher, daß die Volksrepublik China auf dem Wege Gorbatschows schon ein großes Stück vorangekommen und von dem Endpunkt einer »erfolgreichen Perestroika« nicht mehr sehr weit – vielleicht noch 5-10 Jahre – entfernt wäre.

Diese angeblichen chinesischen »Wissenschaftler« haben einfach die bereits in der Gorbatschow-Ära erschienenen und die danach im Jelzin- und Putin-Rußland erscheinenden »Analysen« über die Geschichte der Sowjetperiode abgeschrieben. Von eigenen Forschungen kann keine Rede sein. Alles, was da vorgebracht wird, kennen wir schon längst aus der antikommunistischen »Geschichtsschreibung« der letzten Jahre der SU und der Jahre danach. Ja, selbst die merkwürdige Sicht eines Heiner Karuscheit, für den die Agrar- und Bauernfrage der Schlüssel zur Erklärung des Unterganges der Sowjetunion ist, findet sich bei diesen fernöstlichen »Wissenschaftlern«, z.B. bei dem in der »j.w.« zitierten Cheng: »Auch Cheng ist aufgefallen, daß sich die KPdSU in den 30er Jahren völlig gewandelt hat. Aber während bisherige Analysen (z.B. von Rogowin) die veränderte Sozialstruktur der KPdSU mit den

Massenrepressalien Stalins 1937 ff. erklärt hatten, argumentiert Cheng, daß nun Millionen Bauern in die Städte strömten. Gleichzeitig verwandelte sich die KP von einer kleinen Kaderpartei der Intellektuellen in eine Massenpartei von Millionen. Das neue, wenig gebildete, vom Dorf kommende Proletariat stellte die neuen Parteimitglieder.«

Abgesehen davon, daß die Verwandlung von Bauern in Industriearbeiter in der Sowjetunion natürlich nicht erst 1937 begonnen hat, ist zu fragen: Na und? Wo in aller Welt ist je die Industrialisierung anders vor sich gegangen? Und wie viel von den 66 Millionen Mitgliedern der KP Chinas stammen ursprünglich aus bäuerlichem Milieu? Was schließt Herr Cheng daraus?

Ich sehe mich angesichts solch trauriger Entwicklungen (und der Befriedigung, die »unsere« linke Tageszeitung »junge welt« darüber zu empfinden scheint,) gezwungen, meine Hoffnung, wir hätten den Tiefpunkt unserer Niederlage bereits hinter, und einen nahen Beginn einer Konsolidierung der kommunistischen Bewegung vor uns, fahren zu lassen und mich stattdessen auf neuerliche, noch schlimmere Enttäuschungen einzustellen. (Was aber als Konsequenz nur zur Folge haben kann, sich dem noch stärker mit den noch verbliebenen – wenn auch leider stetig merklich abnehmenden – Kräften entgegenzustemmen.)

Doch zurück zu Erfreulichem, zu Ihrem Brief.

Ja, wir haben in diesem Jahr wenig und lange Zeit gar nichts voneinander gehört. Dennoch waren Sie mir über eine längere Zeit ständig gegenwärtig. Bis Juli allerdings war ich fast mehr auswärts als zu Hause. Im Mai erholten wir uns drei Wochen von der »Modernisierungs-Schädigung« aus dem Vorjahre in Franzensbad, dann kam ich vorjährigen Einladungen von Freunden aus Wien und Stuttgart zu Veranstaltungen zum Revisionismus nach, denen ich 2001 hatte eine Absage erteilen müssen. Wir waren dann noch so übermütig, einem Ruf österreichischer Freunde zu folgen, mit ihnen acht Tage in den Alpen, in Osttirol zu verbringen. In den Bergen ging alles gut, aber der Start auf dem Ostbahnhof in Berlin kam ziemlich teuer; eine Bande gut eingespielter und bewundernswert geschickter Taschendiebe hat beim Einstieg in den Zug arbeitsteilig zusammengewirkt: Während einer von ihnen geradezu aufdringlich dabei behilflich war, meinen Koffer in das Abteil zu tragen, nein, zu zerren, und mich mit, haben seine Komplizen sowohl mich als auch meine Frau um ihre Geldbörse erleichtert ... In Zukunft also – Zug-Reisen nur noch mit dem guten, alten Brustbeutel, in dem wir ganz früher einmal unser Wertvollstes, das Parteidokument, mit uns trugen!

Damit war unsere Reisefreudigkeit dennoch ungebrochen. Kaum waren wir von den Alpen wieder zurück, machten wir uns erneut auf die Reise und genossen per Bus und Schiff gemeinsam mit unseren Wanderfreunden acht Tage lang die Schönheiten der Mosellandschaft – natürlich nicht ohne auch Karl Marx in Trier einen Besuch abzustatten – und den herben Reiz der vulkanischen Eifel.

Im November dann die schon erwähnte Flucht nach Lychen, und zum Jahresabschluß schließlich noch einmal mit den Wanderfreunden eine – allerdings nur drei Tage währende – Reise ins schon auch ohne Schnee mächtig weihnachtliche Vogtland.

Sie sehen, großenteils hat mich mein Leichtsinn vom Schreiben jeglicher Art ferngehalten. Deshalb kann ich auch nicht wie Sie ein dennoch zufriedenstellendes Arbeitsergebnis vermelden. Zu dem Ihren gratuliere ich mit großer Freude und Bewunderung!

Der PDS-Parteitag liegt schon weit genug zurück, um Ihre Frage: P oder C? (Partei oder Carcinom) eindeutig zu beantworten: nach wie vor: C!
Inzwischen hatte ja auch die DKP ihren Parteitag. Der machte einerseits Freude, indem er das Vorstandspapier ablehnte, aber erhebliche Sorge wegen seiner Personalentscheidungen: Im Vorstand wurde die Linke geschwächt! Und das dürfte für den künftigen Kurs von größerem Gewicht sein. (Man darf gespannt sein, wie er auf die neuesten Signale aus China reagiert.)
Ich bin Ihnen – wie ich merke – sogar noch den Dank und eine Antwort schuldig auf Ihren Frühjahrsbrief mit Glückwunsch zum Geburtstag meiner Frau: Sie hat sich sehr gefreut, und ich sollte Ihnen natürlich längst Ihren Dank übermitteln. Was ich hiermit tue.
Kurz noch zu Ihren Bemerkungen zu Gramsci und Ligatschow.
Togliattis Einschätzung Gramscis halte ich für zutreffend. Aus der Textsammlung von Guido Zamis, die ich Ihnen nannte, lege ich die Kopie eines von Gramsci verfaßten Dokumentes zum III. Parteitag der KPI 1926 bei. Die Leute, die aus Gramsci den Grundsteinleger ihres revisionistischen »Reform-Kommunismus« oder »Reform-Sozialismus« machen, wie etwa W. F. Haug oder Harald Neubert, beziehen sich auf seine Gefängnisschriften. Ich habe diese nicht gründlich studiert, aber was ich davon las, ist kein Revisionismus, läßt jedoch revisionistische Interpretationen zu. Das liegt meiner Ansicht nach erstens daran, daß Gramscis Überlegungen vor allem um die Frage kreisen, wie es dem Faschismus gelingen konnte, die ideologische Hegemonie nicht nur im Kleinbürgertum, sondern auch in der Arbeiterklasse zu gewinnen, und wie die Kom-

munisten arbeiten müssen, um innerhalb einer kapitalistischen Gesellschaft selbst die geistig-politische Hegemonie zu erlangen – als Voraussetzung für eine erfolgreiche Revolution. Zweitens ist dieses Tagebuch geschrieben in der jahrelangen Isolierung eines Gefangenen im faschistischen Kerker. Leider hat sich – außer dem Genossen Guido Zamis – in Deutschland noch niemand gefunden, der in der Lage gewesen wäre, aus den Gefängnisschriften das wirkliche Bild des Marxisten-Leninisten Gramsci herauszuarbeiten und den revisionistischen Entstellungen entgegenzustellen.

Sie fragen nach Ligatschow. Über seine heutige Rolle weiß ich gar nichts. Er war für mich in den letzten Gorbatschow-Jahren ein Hoffnungsträger, weil derjenige, der auf Plenen der KPdSU – soweit ich sie in der »Presse der Sowjetunion« noch verfolgen konnte – Gorbatschow entschieden entgegentrat.

Es gab aber auch noch andere, die sogar noch konsequenter auftraten – etwa den Sekretär des Gebietskomitees Swerdlowsk, L.F. Bobykin, auf dem Juli-Plenum 1989, oder R.S. Bobowikow, 1. Sekretär des Gebietskomitees Wladimir auf dem April-Plenum 1989. Was ist aus ihnen geworden? Leider ist die Information über die Aktivitäten der Marxisten-Leninisten in den GUS-Staaten fast gleich Null. Am meisten erfährt man noch in der UZ in den Berichten von Willi Gerns, aber die Partei Nina Andrejewas liegt für ihn außerhalb seines Blickfeldes.

Verzeihen Sie bitte, daß ich Ihnen nach dem viel zu langen Schweigen nun einen viel zu langen Brief – und dann auch noch Beilagen! – zumute. Ich gelobe Besserung!

Mit vielen Grüßen und allen guten Wünschen für erholsame Feiertage und ein Jahr 2003, das Ihnen außer einem erfreulichen Geburtstag uns allen die leider nur durch ein Wunder herbeizuführende Riesenfreude bescheren möge, dem kriegstollen Bush und seinen Inspiratoren den fest beschlossenen Überfall auf den Irak zu vermasseln,

Ihr
Kurt Gossweiler

Lieber Herr Gossweiler, die gebräuchliche Verwendung des Wortes Gossweilerism als Schmähwort und Synonym von »Evil« hätte ich Ihnen gern umgehend belegt, weil ich gern schmeichle. Aber ich habe die Quellen, an die ich in meinem Brief dachte, vergessen; ich bin nur sicher, daß es der »Spiegel« oder die »Frankfurter Rundschau« oder das »ND« war, jedenfalls ein ehrenvoller Ort.

Über die »j.W.« sollten Sie sich eigentlich nicht mehr wundern. Schölzel war ursprünglich Leutnant bei Markus Wolf, war das nicht so? Pirker und Becker waren von Anfang an Stalinfresser. Ein wie enragierter Trotzkist Harald Wessel ist, zeigt sein Münzenberg-Buch. Antistalinismus war und ist die Leitidee dieses Periodikums vor und seit Koschmieder [...] Und der Professor Ruge am 1.11.2002 war sicherlich nicht der »Startschuß« eines neuen Gegenkommunismus. Natürlich wird das Blatt dennoch zur Kenntnis genommen. In radikalen Analysen hat sich der Trotzkism, wenn er sich nicht gerade bei den Faschisten oder den Sozialdemokraten tummelte, immer gefallen.

Die verbrecherischen Kofferträger nehmen Sie sehr gelassen. Ich weiß, wie ich Sie zu verstehen habe. Diese Unholde gehören in unsere gegenwärtige Umwelt, die wir nun Tag für Tag gelassen zu nehmen haben.

Das PDS-Carcinom hat sein Rezidiv verblüffend schnell wieder auf die Beine gebracht. Von Sahra weiß und höre ich nichts [...] Von Gera, denke ich, wird dennoch zweierlei bleiben. Gysi ist endgültig aus der Partei in die Wirtschaft oder den Rummel abgewandert (und von allen war nur er wirklich gefährlich, wenn ich von Dieter Klein absehe, der aber kein Öffentlichkeitsarbeiter ist) und: Eine Erfahrung bleibt, die, daß ein Parteitag einen Vorstand stürzen kann (und nur beim nächsten Mal nicht vergessen darf, ihn gleich zu köpfen).

Ihr und mein Bekannter André Thiele hat mit Ligatschow und Andrejewa Kontakt bekommen, ist freilich nach einigem Hin und Her abgewiesen worden. Halten Sie für möglich, daß diese beiden Politiker – so wie alles und jedermann in Rußland, Schirinowski einbegriffen – ganz einfach Putin, also dem KGB, also dem russischen (?) Monopolkapital gehören? Ob unter Gorbatschow, Jelzin oder Putin, es gibt in Moskau so wenig Meinungsunterschiede mehr wie in Washington oder in Schröder-Berlin.

Der Imperialismus betreibt eine Einparteienstrategie, homogener und monolithischer als es der Sozialismus je vermochte. Manchmal betreibt er sie weltweit, manchmal nur innerhalb seiner drei Blöcke. Der Aufstand des Europablocks unter Chirac gegen den US-Block wird wohl nicht Hussein, aber vielleicht doch für eine Weile den Frieden retten.

Ich glaube nicht, daß sich sagen läßt, Sie oder Huar oder Brar – von mir wirklich zu schweigen – störten den deutschen Imperialismus. Wahrscheinlich besitzen die Imperialisten einen kleinen silbernen Handfeger, um Leute wie unsereinen von der Tischdecke zu kehren, wenn sie unerwarteter Weise einmal auffallen. Abgesehen von diesem Handfeger haben wir das Privileg, im Schutz unserer Unwichtigkeit die neue linke Stimmung zu genießen.

Ein schöner Fall von ihr ist der kleine Gerald Hoffmann, und es war ein glücklicher Einfall von Ihnen, ihn in »offensiv« vorzustellen. Es besteht kein Zweifel, daß in den wenigen letzten Jahren eine riesenhafte antiimperialistische Bewegung sich gebildet hat, ob auf globaler Ebene (in Kuala Lumpur, of all the places!) oder unter den DDR-Großvätern oder

den DDR-Enkeln, den Geralds – und zwar absolut und uneingeschränkt spontan. Die Welt ist nicht mehr bewohnbar, es ist nicht mehr möglich, das nicht mehr zu spüren. Mehr Kausalität ist da nicht.
Wir sind gewohnt, das Wort »spontan« für Dinge anzuwenden, die nicht sind. Aber an jeder Revolution ist das Spontane ein notwendiger Bestandteil neben dem Bewußten. Manchmal ist es ein Nebenbestandteil, manchmal der Hauptbestandteil und heute eben der einzige. Organisiert an der Sache ist, daß Massen von Agenten am Werk sind, um das alles ins sozialdemokratisch-Kleinbürgerliche hineinzukanalisieren, wodurch sie sogar etwas wie eine Organisation in das Chaos der Aufgeregtheit bringen. Um die Beherrschung der so entstandenen Kanäle läßt sich inzwischen sogar schon manchmal kämpfen.
Sozialismus oder Barbarei. Das Finanzkapital hat sich erstmals ohne Einschränkung für die Barbarei entschieden, und es stellt sich nun heraus, daß die menschliche Spezies sich physiologisch nicht eignet, in der Barbarei auszuhalten. Die Barbarei – das das Ergebnis der Dialektik dieses Experiments – ist kein möglicher endgültiger Zustand.
Nun ja, eine explodierte Erde wäre allenfalls einer.
Meine körperliche Herabgestimmtheit, die mich des Vergnügens beraubte, Ihnen bei der Gründung von Flegels Parteiverein guten Tag zu sagen, währt unverändert fort. Ich führe sie auf das besondere Wetter dieses Winters zurück. Ich besitze auch eine Ärztin, welche nicht an Wetter glaubt und hierdurch in der unangenehmen Lage ist, nicht zu wissen, warum ich krank bin.

Ich grüße Frau Gossweiler und Sie. Ihr
Peter Hacks

Lieber Genosse Hacks,

dank des punktgenauen Erscheinens der vielfarbigen, zu einem einzigartigen Strauß – zu dem auch ich ein bescheidenes Gänseblümchen hinzutun durfte – gebundenen Geburtstagsgrüße kann ich mich heute in diesem Gruß zu Ihrem 75. – ach, wenn ich doch noch einmal so jung wäre! – kurz fassen. Ich sage Ihnen einfach, daß die Worte, die Klaus Steiniger zu diesem Strauß beigetragen hat, das ausdrücken, was die gesamte Rotfuchsgemeinde, also auch ich, Ihnen gegenüber empfindet. Ich hoffe sehr, daß Sie diesen Tag in voll wiederhergestellter Gesundheit begehen, genießen und durchstehen können. Ich erhebe mein Glas auf Ihre Gesundheit und auf viele neue Hacks-Werke im neuen Lebensabschnitt, zur Freude Ihrer Freunde und zur Pein derer, die Sie nicht mögen (im Doppelsinn),

Ihr
Kurt Gossweiler

Lieber Herr Gossweiler, für Ihren Glückwunsch danke ich, der Essai in der Festschrift ehrt mich, und in der Stalin-Erinnerung erlaube ich mir, die folgende Wendung anzufechten: »undenkbar damals, daß Chruschtschow ...« nämlich zum Judas wurde. Inzwischen wissen wir es, vor allem von Ihnen, und langsam sollten wir es auch zu denken anfangen. Wir sind, lieber Herr Gossweiler, der wissenwollenden Nation die Beweggründe für Chruschtschows Handeln in ihrer Kausalität und genauen Mechanik bis zum heutigen Tag noch schuldig.
Im übrigen ist es nicht Ihre Art, etwas schuldig zu bleiben, und zweifellos hat wieder eine imperialistische Neuverteilung angehoben, worin Bush den Hitler und Chirac den Roosevelt macht. Ich glaube, die globale Überproduktionskrise ist dieses Mal unbehebbarer als alle vorigen Male. Ich glaube, dieser Krieg, worin der arme Herr Hussein den Europäern zum Stellvertreter dient und vielleicht (aus arabischer Verschlagenheit) sogar siegen wird, ist nur der erste einer großen Reihe absurder Kriege, unter denen wir selbst Atomkriege nicht ausschließen können.
Ich habe Trost gefunden in dem Gedanken, daß seit der Erfindung des Buchdrucks nichts mehr zu vernichten geht und die Dinge selbst bei völliger Zerstörung mit einer Wiederherstellung rechnen dürfen, sei es das Berliner Schloß, seien es Stalins Lehren. Das »aere perennius« ist ein großer Gedanke, ich will sagen, in Bezug auf Gebrauchsanweisungen. Es wird nach den Kriegen keine Marmorpuppe und kein Architekturdenkmal übrig bleiben, aber doch von allen denen die Gebrauchsanweisung. Ich bleibe

in Erwiderung Ihrer Grüße und Wünsche
stets Ihr ergebener
Peter Hacks

50 Hacks an Gossweiler 1.6.2003

Lieber Herr Gossweiler, es ist ja ausführlicher, als ich dachte.

Gute Gesundheit, Ihr
Peter Hacks

Lieber Herr Hacks,

Ihre Parteitags-Protokoll-Anfrage kann ich nun so beantworten: Einen Protokollband gibt es nur vom »Außerordentlichen« PT von ’89. Danach nur Berichte in »Disput«. Im Parteiarchiv sind aber die Bänder mit dem Gesamtverlauf archiviert und bei Interesse zu benutzen. Ich lege etwas aus der Zeitung der Ludo-Martens-Partei bei, das vielleicht von Interesse ist. Ich hoffe, Sie überstehen die Hitze-Tage unbeschädigt!

Herzlich, Ihr
Kurt Gossweiler

Lieber Herr Gossweiler, es war sehr freundlich und sehr hilfreich, daß Sie die schlechte Nachricht für mich herausgefunden haben. Da indessen Goethe lehrt, ein rechter Autor könne Gretchens Leiden frei nacherfinden, nicht aber die Tagesordnung des englischen Parlaments, mag ich mich mit dem nun festgestellten Mißgeschick nur schwer abfinden.

Als Mittel, den Ablauf eines Parteitags zu erfahren, ist mir also Folgendes eingefallen: Man läßt ihn sich von einem, der da hingeht, erzählen.

Ich ziehe nun nach Groß Machnow. Möge Ihnen dieser Sommer nicht zu beschwerlich fallen, und seien Sie herzlich gegrüßt

von Ihrem
Peter Hacks

Nachwort von Kurt Gossweiler
[zur Ausgabe von 2005]

Als mir in der Nähe meines Geburtstages im November 1996 der Postbote ein schwergewichtiges Paket überreichte, bereitete mir der Absender damit eine der verblüffendsten, zugleich aber auch angenehmsten Überraschungen meines Lebens.

Der Inhalt war ein Buch, Verfasser Peter Hacks, Titel: Die Maßgaben der Kunst.

Das Begleitschreiben vom Verlag besagte, daß ich dieses Freiexemplar »auf Wunsch von Herrn Hacks« erhielte.

Nun war mir natürlich der »Herr Hacks« nicht unbekannt, hatten wir – meine Frau und ich – doch schon einige Stücke, darunter natürlich auch das Welterfolgsstück »Ein Gespräch im Hause Stein ...« gesehen.

Aber unter dem, was von mir bisher an die Öffentlichkeit gebracht worden war, befand sich nichts, was bei mir auf eine solch starke Anteilnahme an Fragen der Ästhetik und der Dramatik schließen ließ, um den Blick eines Olympiers wie Peter Hacks auf mich zu lenken und mich gar einer Auszeichnung mit einem solchen Werk für würdig zu erachten. Es mußte also etwas anderes sein, was ihn dazu veranlaßte, und es konnte das nur etwas sein, was nicht mit seinem Spezialgebiet, der Literatur und Kunst, zu tun hatte, sondern mit dem, das ich seit der »Wende« genannten Konterrevolution zu meinem gemacht und über das ich einiges veröffentlicht hatte – also mit meinen Untersuchungen über die Rolle des Revisionismus in der kommunistischen Bewegung für deren Niedergang und unsere Niederlage.

Wie das vorliegende Buch und sein Anhang belegen, war es in der Tat so. Ich mußte lernen – und lernte es nur zu gerne –, daß ich bislang ein völlig einseitiges, also falsches Hacks-Bild hatte.

Bis dahin gab es nur einen Stücke- und Gedichte-Schreiber, der für mich ein »parteiloser Kommunist« war: Bert Brecht. Jetzt lernte ich, wie eingeengt mit einer solchen Sicht mein Blickfeld war. Dieser Peter Hacks – so erkannte ich jetzt immer mehr –, für den war die Sache des Sozialismus und insbesondere die sozialistische Deutsche Demokratische Republik nicht weniger als für Bert Brecht, sondern eher noch mehr, seine ureigenste Sache.

Zu dieser Erkenntnis verhalfen mir natürlich die Briefe, die ich von ihm erhielt.

Sodann aber nicht minder verschiedene seiner in Gremlizas »konkret« veröffentlichten »Jetztzeit«-Gedichte, und sein beeindruckender Briefwechsel mit André Müller sen., den beide mit dem Goethewort »Nur daß wir ein bischen klärer sind« als Titel im Eulenspiegel Verlag hatten erscheinen lassen.

Die Entdeckung des Peter Hacks als eines zweiten »parteilosen Kommunisten« neben Bert Brecht in der Zunft der »Stücke- und Gedichte-Schreiber« blieb nicht meine einzige Überraschung.

Noch überraschender war für mich eine weitere Entdeckung, nämlich die, daß Hacks von beiden derjenige war, der aus den Symptomen, die in der kommunistischen Bewegung nach Stalins Tod mit dem XX. Parteitag sichtbar wurden, erkannte, daß sie in der Führung von der Krank-

heit des Opportunismus, des »modernen Revisionismus« befallen war, während Brecht die gleichen Symptome als Zeichen zunehmender Gesundheit verkannte.
In den dreißiger Jahren hatte Brecht entschieden und überzeugend die Sowjetunion gegen die Angriffe eines André Gide und anderer verteidigt, und er hatte noch im April 1953 zu Stalins Tod geschrieben:
»Den Unterdrückten von fünf Erdteilen, denen, die sich schon befreit haben, und allen, die für den Weltfrieden kämpfen, muß der Herzschlag gestockt haben, als sie hörten, Stalin ist tot.
Er war die Verkörperung ihrer Hoffnung. Aber die geistigen und materiellen Waffen, die er herstellte, sind da, und da ist die Lehre, neue herzustellen.«

Doch 1956, beeindruckt von Chruschtschows handstreichartiger verleumderischer und verlogener »Geheimrede« zur Verdammung Stalins auf dem XX. Parteitag, schrieb er das folgende Gedicht:

Der Zar hat mit ihnen gesprochen
Mit Gewehr und Peitsche
Am blutigen Sonntag. Dann
Sprach zu ihnen mit Gewehr und Peitsche
Alle Tage der Woche, alle Werktage
Der verdiente Mörder des Volkes.
Die Sonne der Völker
Verbrannte ihre Arbeiter
Der größte Gelehrte der Welt
Hatte das kommunistische Manifest vergessen.
Der genialste Schüler Lenins
Hat ihn aufs Maul geschlagen.

Aber jung war er tüchtig
Aber alt war er grausam
Jung
War er nicht Gott
Der zum Gott wird
Wird dumm.

Dieses Brecht-Gedicht schickte mir 1998 Manfred Wekwerth, nachdem er meinen Artikel »Die Überwindung des Anti-Stalinismus – eine wichtige Voraussetzung für die Wiederherstellung der kommunistischen Bewegung als einer einheitlichen marxistisch-leninistischen Bewegung« gelesen hatte, mit der Bemerkung: »Das ist Brechts Meinung zu Stalin. Bitte berufe Dich nicht auf ihn, wenn Du meinst, Stalin verteidigen zu müssen.«

Als ich das in einem Brief an Peter Hacks erwähnte, schrieb er mir, Brecht sei in seiner Gegenwart über die Chruschtschow-Rede »in fast hysterische Begeisterung geraten«. (Brief v. 31.12.98)
Brechts oben zitiertes Gedicht ist in der Tat der in wenige Zeilen zusammengefaßte giftigste Kern von Chruschtschows Stalin-Verdammungsrede. Er, Brecht, den alle Kommunisten so schätzen und verehren als den unversöhnlichen Feind der Ausbeuter und deren Ruhmredner und als den ebenso klugen wie leidenschaftlichen Verteidiger der kommunistischen Sache – Brecht erkannte nicht, was der US-Außenminister John Foster Dulles sehr klar erkannt und triumphierend ausgesprochen hat, als er am 11. Juli 1956 in einer Rede voller Zuversicht voraussagte: *»Die Anti-Stalin-Kampagne und ihr Liberalisierungsprogramm haben eine Kettenreaktion ausgelöst, die auf lange Sicht nicht aufzuhalten ist.«*

Hacksens Briefe an André Müller und seine im vorliegenden Buch veröffentlichten Arbeiten legen Zeugnis davon ab, daß sein Gespür für der guten kommunistischen Sache fremde, ihr schädliche und sie unterminierende Einflüsse hochgradig entwickelt war. Seine gereimte Antwort auf Chruschtschows Stalin-Verteufelung in einem seiner Jetztzeit-Gedichte, überschrieben *Denkmal für ein Denkmal*, geht so:

Er blickt sehr würdig, seiner
Sehr sicher auf die Stadt,
Unangestrengt wie einer,
Der sie gerettet hat.

Der plumpe Narr Nikita
Zog ihn aus dem Betrieb.
Er tat es seinem Gebieter
In Washington zulieb.

Zur Rolle Stalins und seiner Nachfolger korrigierte Hacks die Feststellung eines ihn interviewenden »junge Welt«-Journalisten, der ihm gesagt hatte: »Den Beginn der Niedergangsepoche beschrieben Sie mit Ulbrichts Verschwinden aus der Politik« sarkastisch mit dem kurzen Satz:
»Jeder, außer der jungen Welt, weiß, daß der Niedergang mit Stalins Tod begann.«
Wie wird wohl nach der sicher kommenden »Wende«, die der Konterrevolution ihr Ende bereiten wird, die Antwort der Nachwelt auf die Frage ausfallen, welcher von beiden – Brecht oder Hacks – die Rolle Stalins und Chruschtschows richtig bewertet hat?
Die Antwort darauf kann für mich nicht fraglich sein.
Hacks beurteilte Stalin nach dessen Lebensleistung als

Führer der Sowjetmacht im Kampf um deren Behauptung gegen den Würgegriff des Imperialismus und im Entscheidungskampf des 20. Jahrhunderts, bei der Zerschmetterung des deutschen Faschismus.

Brecht beurteilt ihn 1956 danach, ob er zuließ oder verhinderte, daß bei diesem Kampf auf Leben und Tod des Sozialismus auch Unschuldige als Schuldige angesehen und verurteilt wurden.

Hacks nimmt zu Stalin den Standpunkt ein, den alle fortschrittlichen Freunde der französischen Revolution gegenüber Robespierre einnehmen: Wer zur Revolution Ja sagt, muß sie als Ganzes bejahen. Wer nur ihre Siege bejaht, aber den Kampf, der zu diesen Siegen führte, nur zum Teil, andere Teile aber als Verbrechen verurteilt, urteilt als Moralist, nicht als Revolutionär.

Von bürgerlicher Seite wird oft versucht, die politischen Stellungnahmen von Hacks mit der Bemerkung zu entschärfen und zu verharmlosen, sie seien nur als Ironie zu verstehen, Hacks sei ein Ironiker, der im Grunde nichts ernst nehme und sich über alles nur lustig mache.

Als ein Beispiel dafür hat mir einer das Jetztzeit-Gedicht »Das Vaterland« aus Heft 12/1998 von »konkret« genannt, und da besonders die folgende Strophe:

Wer kann die Pyramiden überstrahlen?
Den Kreml, Sanssouci, Versailles, den Tower?
Von allen Schlössern, Burgen, Kathedralen
Der Erdenwunder schönstes war die Mauer.
Mit ihren schmucken Türmen, festen Toren.
Ich glaub, ich hab mein Herz an sie verloren.

In der Tat: Hier ist ein ironischer Ton unüberhörbar. Aber die Ironie dieser Zeilen zielt nicht auf die Mauer, sondern auf jene, die sie nur mit Schaum vor dem Mund begeifern können.
In seinem Vorwort zu diesem Band bezeichnet Hans Heinz Holz Hacks zutreffend als »einen der großen Satiriker der deutschen Literatur«. Die Satire des Peter Hacks ist nicht – wie Satire häufig – nihilistisch, nur verneinend, sondern zutiefst parteilich, eine scharfe Waffe gegen die Feinde des Sozialismus und zur offensiven Verteidigung der Deutschen Demokratischen Republik. Noch einmal eine Strophe aus seinem Gedicht »Das Vaterland«:

Wie aufgeklärt hier alles. Wie durchheitert.
Wie voller Frische, voller Ahnungen.
Ins Morgen ward die Gegenwart erweitert
Des Vaterlands durch seine Planungen.
Es ist ein Hochgenuß, von ihm zu sprechen.
Es war ein Staat und scheute das Verbrechen.

In Prosa gesprochen liest sich dieses Bekenntnis zur DDR im Interview mit Frank Tichy in der Antwort auf dessen Frage, ob er bei seiner Übersiedlung 1955 in die DDR nicht doch etwas ganz anderes erwartet hätte, so:
»Schlechterdings nicht denkbar für mich wäre, realistischerweise noch, also aus meinem Herzen heraus, daß ich etwas anderes getan hätte, als in die DDR zu gehen. Da fällt mir keine Alternative ein, als tot zu sein.«

Wer sich mit Werken – seien es Stücke, Essays oder Gedichte – von Hacks beschäftigt, der kann nicht umhin, ihn als einen der meisterlichsten Künstler im Umgang mit der deutschen Sprache zu bewundern. Was ich jedoch nicht minder an ihm zu bewundern lernte, war die Gründlichkeit, mit der er das Studium der Geschichte und der Ökonomie betrieben hat. Mit seinen Kenntnissen der Alten Geschichte und der Geschichte des Absolutismus und Preußens hat er mich als Historiker beschämt, und mit seinem Ökonomie-Studium – das z. B. aus seiner satirischen Abfertigung mit einer leichtfertigen, originalitätssüchtigen Bemerkung von Georg Fülberth ersichtlich ist – in bewunderndes Erstaunen versetzt.

Das heißt natürlich nicht, daß Hacks keine Anlässe gegeben habe, ihm zu widersprechen. H.H. Holz hat in seinem Vorwort einen solchen Anlaß, nämlich Hacksens voreingenommene negative Beurteilung Antonio Gramscis, benannt, nicht ohne dabei auch – völlig zu Recht – Gossweiler dafür zu kritisieren, daß der ebenfalls ein Urteil ohne ausreichende Kenntnisse gefällt hat. Ich habe mich für diese genossenschaftliche Lektion beim Genossen Holz zu bedanken.

Doch zurück zu Peter Hacks und seinem Verhältnis zur Deutschen Demokratischen Republik.

Die selbstsichere Art seines Auftretens läßt kaum vermuten, daß die Zeitläufte ihm so zusetzen konnten, daß er unter ihnen litt. Ein einziger Satz in dem Interview mit den »junge Welt«-Journalisten hat mich zu der Auffassung geführt, daß, wer ihn so sieht, sich sehr täuscht. Auf die Absetzung Walter Ulbrichts angesprochen, sagte Hacks: »Der Ulbricht-Mord von Honecker und Breshnew« sei für ihn ein furchtbarer Einschnitt gewesen, »den ich nie verwunden habe.«

Wie sehr er unter unserer Niederlage litt, und wie sehr ihn das Bemühen umtrieb, mitzuhelfen, so rasch wie möglich die Phase des Niederganges durch einen neuen Aufschwung der kommunistischen Bewegung abzulösen, davon zeugt für mich, wie aufmerksam er nach hoffnungsvollen Anzeichen für eine solche Entwicklung Ausschau hielt und, wo er sie entdeckte, helfend einzugreifen unternahm. Wo er Ansatzpunkte bei Personen, Zeitschriften oder Organisationen für wirklich kommunistische Politik und Aufklärung sah, da suchte er von sich aus den Kontakt, sei es zum unermüdlichen Kämpfer Hans Heinz Holz in der DKP oder zum Herausgeber der Weißenseer Blätter Hanfried Müller und seiner Frau Rosemarie Müller-Streisand, zum Chefredakteur des »Rotfuchs« Klaus Steiniger oder zu Frank Flegel von der Zeitschrift »offensiv«, oder zu einem Einzelkämpfer wie Rolf Vellay, und sicherlich noch zu vielen anderen.

Als Frank Flegel nach dem »Rausschmiß« von »offensiv« – der Kündigung der Herausgeberschaft durch die KPF Hannover – zur Mitarbeit bei der Gründung eines Fördervereins zur Weiterführung der Zeitschrift aufrief, teilte Hacks umgehend mit, er wolle an der Gründungsversammlung teilnehmen, weil er Wert darauf lege, zu den Gründungsmitgliedern zu gehören. Darüber freute ich mich sehr, auch deshalb, weil mir dies die Gelegenheit bieten würde, Hacks endlich auch persönlich zu begegnen; denn obwohl wir seit Jahren in Korrespondenz standen, war es dazu bisher noch nicht gekommen.

Die Gründungsversammlung fand dann im Jahr 2003 am 11. Januar, am Tage vor der traditionellen, inzwischen schon zu einer gesamtnationalen und sogar internationalen Sache gewordenen Demonstration zur Gedenkstätte von Karl und Rosa und der Mitkämpfer für ihre Sache statt – aber leider ohne Peter Hacks. Seine Krankheit erlaubte ihm nicht zu kommen, aber er fügte dieser Mitteilung ausdrücklich hinzu,

daß er als Gründungsmitglied des Fördervereins aufgenommen werden wolle. So geschah es dann natürlich auch.
Aber jeder von uns hoffte, ihn bei der nächsten Sitzung des Vereins unter uns zu haben. Keiner ahnte, daß noch in diesem Jahr Zweitausenddrei der Tag des endgültigen Abschieds von ihm kommen würde, ich schon gar nicht, hatte ich doch aus keinem der zwei oder drei Briefe, in denen er beiläufig erwähnte, daß er gerade erkrankt sei, einen besorgniserregenden Unterton herausgehört. Für mich stand außer Frage, daß er mich um viele Jahre überleben wird, war er doch zehn Jahre jünger als ich. Umso größer die Bestürzung und die Trauer über die Nachricht, daß eine tückische Krankheit ihn aus einem Leben voller Pläne und Hoffnungen gerissen hat.
Die politischen Schriften von Peter Hacks wie auch seine Briefe bezeugen, daß er sich sehr darüber klar war, daß ein neuer revolutionärer Aufschwung, soll er zum Ziel, zum Sieg einer neuen sozialistischen Revolution führen, einer fest in den Massen verwurzelten kommunistischen Partei Marx-Leninscher Prägung bedarf. Die Forderung nach der Wiederherstellung einer solchen Partei könnte man fast als den roten Faden bezeichnen, der sich durch dieses Buch zieht. Möge seine Verbreitung dazu beitragen, daß die Zahl derer – besonders unter der Jugend –, die an der Erfüllung dieser Forderung mitarbeiten, durch neue Aktivisten erweitert wird!

Mai 2005

Anmerkungen

(Zahl in Klammern: die Briefnummer)

(1)

A. Brie – André Brie (*1950, Schwerin), seit 1969 Mitglied der SED / PDS / Partei Die Linke, 1993–97 Leiter der Grundsatzkommission der PDS.

Werk – Peter Hacks, Die Maßgaben der Kunst. Gesammelte Aufsätze 1959–1994, Hamburg: Edition Nautilus im Verlag Lutz Schulenburg 1996.

(2)

Das Buch – Kurt Gossweiler, Wider den Revisionismus. Aufsätze, Vorträge, Briefe aus sechs Jahrzehnten, München: Verlag zur Förderung der wissenschaftlichen Weltanschauung 1997.

»Radek« – Roman von Stefan Heym, München: Bertelsmann 1995.

die methodische Diskussion – Kurt Gossweiler hatte in zwei Briefen an Sahra Wagenknecht deren Buch: Antisozialistische Strategien im Zeitalter der Systemauseinandersetzung. Zwei Taktiken im Kampf gegen die sozialistische Welt (Bonn: Pahl-Rugenstein 1995) kritisiert. Diese Kritik erschien unter dem Titel: Stellungnahme zum Entwurf des Buches von Sahra Wagenknecht; in: Streitbarer Materialismus, Nr. 21, 1997, S. 71–103.

(4)

eine Chronik – Später erschienen als Kurt Gossweiler, Die Taubenfuß-Chronik oder Die Chruschtschowiade 1953 bis 1964, Band I: 1953 bis 1957, München: Verlag zur Förderung der wissenschaftlichen Weltanschauung 2002.

UZ – Unsere Zeit. Wochenzeitung der Deutschen Kommunistischen Partei.

in einem Artikel – Kurt Gossweiler, Benjamin Baumgarten und die »Stalin-Note«; in: Streitbarer Materialismus, Nr. 22, 1999, S. 61–74.

Weißenseer Blätter – In der von 1982 bis 2006 erschienenen Zeitschrift Weißenseer Blätter, die vom Theologen Hanfried Müller im Auftrag des Weißenseer Arbeitskreises der Evangelischen Kirche herausgegebenen wurde, erschienen nach 1990 regelmäßig auch Texte von Kurt Gossweiler.

Sahra vorher gefragt – Dem Brief lagen zwei Briefkopien bei. Am 8. April 1997 sandte Gossweiler die Ausgabe Nr. 21 des Streitbaren Materialismus »mit nochmaligem Dank für Deine Zustimmung zur Veröffentlichung meiner beiden Briefe zu Deinem Buche« an Wagenknecht. Am 26. April 1997 bedankte sich Wagenknecht für die Zusendung des Heftes und die darin abgedruckte »sachkundige und niveauvolle Kritik«.

»Gespräches im Hause Stein« – Peter Hacks, Ein Gespräch im Hause Stein über den abwesenden Herrn von Goethe. Schauspiel, Hamburg: Edition Nautilus im Verlag Lutz Schulenburg 1997; enthält auf den Seiten 69–118 einen Anhang mit Essays, Briefen und Worterläuterungen von Hacks sowie Rezensionen.

(5)

Mátyás Rákosi – (*14. März 1892, Ada (Österreich-Ungarn); †5. Februar 1971, Gorkij), ungarischer Politiker, 1919 Volkskommissar in der ungarischen Räterepublik, floh in die Sowjetunion, 1921–1924 Sekretär der Komintern, 1924 bei der Rückkehr nach Ungarn verhaftet, 1925 von den Horthy-Faschisten zu achteinhalb Jahren Gefängnis verurteilt, 1935 zu Lebenslänglich. 1940 entlassen und in die Sowjetunion geflohen, wurde er 1945 nach der Befreiung Ungarns durch die Rote Armee Generalsekretär der KP, bis 1952 zugleich stellvertretender Ministerpräsident, 1952–1953 Ministerpräsident. Am 13. Juni 1953 wurde Rákosi gezwungen, das Amt an Imre Nagy abzutreten, blieb jedoch Generalsekretär der KP. Im April 1955 konnte Rákosi sich kurzzeitig gegen Nagy durchsetzen, im Juli 1956 wurde er aber auf Druck Chruschtschows von allen Ämtern ausgeschlossen. Er floh in die Sowjetunion, der Parteiausschluss folgte 1962. – Gossweiler beschreibt Rákosi als »die tragischste Gestalt der revolutionären kommunistischen Bewegung«; in: ders., Taubenfuß-Chronik, München 2002, S. 106.

»Politischen Tagebuch« – siehe Anmerkung zu Brief 4.

(6)

Lisl Rizy – (*1947; †2022) österreichische Politikerin (KPÖ), Schriftstellerin und Herausgeberin zahlreicher Bücher unter anderem zum Spanischen Bürgerkrieg, zur österreichischen Remigration aus der

Sowjetunion, zu Persönlichkeiten des antifaschistischen Widerstands und zur proletarischen Frauenbewegung.

(7)

Noël Field – (*23. Januar 1904, London; †8. September 1970, Budapest), US-amerikanischer Diplomat und Doppelagent. Zur Agententätigkeit Fields siehe Kurt Gossweiler, Die Ursprünge des modernen Revisionismus, oder: Wie der Browderismus nach Europa verpflanzt wurde, in: offen-siv, Heft 10/2003, sowie in: Wie konnte das geschehen? Band I: Beiträge zur Faschismus- und zur Revisionismusanalyse, Kommunistische Partei Deutschlands und offen-siv, 2017, S. 183–281.

Januar-Referat bei Flegel – Kurt Gossweiler, Der Revisionismus in der kommunistischen Bewegung, Referat gehalten auf der Inhaltskonferenz der Linken zum Thema »Revisionismus, ›demokratischer Sozialismus‹, Sozialismuskonzeptionen« am 24. Januar 1998 in Köln, abgedruckt in: offen-siv Heft 2/1998, S. 14–35. Frank Flegel ist Herausgeber der Zeitschrift offen-siv.

(8)

Georg Knepler – (*21. Dezember 1906, Wien, †14. Januar 2003, ebenda), Musiker und Musikwissenschaftler, 1928–1931 pianistischer Begleiter von Karl Kraus, später Kapellmeister, Korrepetitor und Dirigent an der Wiener Volksoper, 1932–1933 Mitarbeiter von Bertolt Brecht und Hanns Eisler, 1934 Eintritt in die KPÖ während der Februarkämpfe und Flucht nach England, 1946 Rückkehr nach Wien und Kulturreferent der KPÖ. 1949 übersiedelte er nach Berlin, Hauptstadt der DDR, wo er bis 1959 Rektor der Hochschule für Musik Hanns Eisler und später Leiter des Instituts für Musikwissenschaft an der Humboldt-Universität war. Berühmt für die Werke: Musikgeschichte des 20. Jahrhunderts, Berlin 1961 (2 Bde.), Geschichte als Weg zum Musikverständnis, Leipzig 1977, sowie: Karl Kraus liest Offenbach, Berlin 1984.

»Rote Sommer« – Gedicht aus der Reihe »Jetztzeit«; in: HW 1, 307.

Notizen aus dem Jahre 1953 – Dem Brief lag das folgende Typoskript mit Hervorhebungen von Gossweiler in kursiv bei:

3 Bücher

Ilja Ehrenburg: Tauwetter.

Ehrenburg darf den zweifelhaften Ruhm für sich beanspruchen, literarischer Bahnbrecher der neotrotzkistischen Konterrevolution zu sein.

Das ist kein Tauwetter, sondern Matsch- und Dreckwetter.

Ideologischer Inhalt: Abkehr von der revolutionären Parteilichkeit, Lob des Spießbürgeridylls: Der »positive Held«: Ein Maler, der jahrzehntelang sich heroisch der Forderung verschließt, Themen aus dem Sowjetleben zu malen, sondern beharrlich bei Landschaften, Porträts und Stilleben bleibt. Natürlich ist er ein *guter* Maler, ein echter Künstler, eben weil er es ablehnt, Aufträge zu übernehmen.

Der negative Held (aber eigentlich Opfer der »furchtbaren« Periode des »Winters«): ein zweiter Maler, der jeden Auftrag entgegennahm, geschmacklose Schinken malte, von denen er selbst wußte, daß sie nichts taugten, aber dennoch dafür reichlich Ruhm und Geld erntete, bis er in Ungnade fiel, weil er einmal einen noch erfolgreicheren Nichtskönner kritisierte.

Das Tauwetter bringt es zuwege, daß nun endlich die wahre Kunst – die Landschaften, Stilleben und Porträts – von allen als das Echte erkannt werden, weil eben eine neue Zeit angebrochen ist, und mit der »furchtbaren Vergangenheit« für immer Schluß ist, weil jetzt die Zeit beginnt, da alle befreit aufatmen und glücklich werden ...

Weitere *positive* Helden:

Der Ingenieur Korotejew. Ehrlich, tüchtig. Aber natürlich ein Opfer des »Stalinismus«: sein Stiefvater ist 1936 verhaftet worden, natürlich zu Unrecht. Er selbst aus dem Komsomol ausgeschlossen. Nach dem Krieg schnappt ihm jemand die Aspirantur an der Hochschule vor der Nase weg, weil »sich irgendwer für irgendwen ins Zeug« legte. Er wird in einen Betrieb abgeschoben.

Der Chefingenieur Sokolowski: Natürlich ebenfalls ehrlich, tüchtig – und natürlich ebenfalls »Opfer«: Wegen Verleumdung aus einem Betrieb davongejagt. Dauernd Schwierigkeiten, weil seine Frau mit seiner Tochter ihn verlassen hat, ins kapitalistische Ausland ging. Immer gibt es Leute, die ihn als imperialistischen Agenten »entlarven«. Deshalb natürlich verbittert und zynisch.

Die Ärztin Scherer: Ehrlich und tüchtig und – Opfer: Nach der Veröffentlichung über den Ärzteprozeß mußte auch sie sich allerhand Verdächtigungen und Verleumdungen gefallen lassen.

Weitere *negative* Helden:

Shurawljow – Betriebsleiter: Nicht untüchtig, aber Karrierist, herzlos, Heuchler, bringt den Betrieb zwar voran, aber auf Kosten der Arbeiter. Er soll offenbar den Prototyp des unter Stalin erfolgreichen Betriebsleiters verkörpern. Natürlich ereilt ihn dank des Tauwetters die gerechte Strafe. Sein gutes Weib verlässt ihn und geht zu dem ehrlichen und tüchtigen Korotejew. Er selbst wird – ebenfalls infolge des Tauwetters – abgesetzt und degradiert.

Chitrow – der Vertraute Shurawljows. Wie sein Name schon sagt, ein hinterhältiger Bursche, Feigling, Speichellecker, der seine Fahne immer nach dem Winde dreht.

Trifonow – 2. Sekretär des Stadtparteikomitees: ein Bürokrat, ein Mensch im Futteral, der nur eine Sorge kennt: die Autorität zu wahren durch Unnahbarkeit, der allen mißtraut, die ehrlich ihre Meinung sagen, und auf alle Heuchler und Schönredner hereinfällt. Er dient als Mittlerfigur, um sozusagen den alten Stil der Parteiarbeit unter Stalin und den neuen Stil der neuen Ära deutlich zu machen in Gestalt seines alten 1. Sekretärs Uschkow und des neuen Djonin.

»Uschkow sagte einem immer alles klipp und klar. Und wenn er nicht gleich antwortete, wußte ich, er werde Moskau anrufen. Aber Djonin sagt: ›Du bist der Leiter des Ressorts. Hast die Vollmachten. Solche Fragen kannst Du selbst entscheiden.‹« (194).

Kurzum: Vor dem Tauwetter – so ergibt sich laut Ehrenburg – wurden alle jene etwas, die entweder Karrieristen, Speichellecker, charakterlose Gesellen, Nichtskönner usw. waren, während die Charakterfesten, Ehrlichen, Tüchtigen an die Wand gedrückt und verfolgt wurden. – Nur merkwürdig, daß Ehrenburg selbst in dieser schrecklichen Zeit zu Ehren kommen konnte! Oder sollte er gar selbst zu den charakterlosen Wetterfahnen gehören, ein Chitrow sein? – Zum mindesten hat er sich mit diesem Buch zum Reklameschriftsteller für Chrustschow erniedrigt. (Vielsagend wird erwähnt, Sokolowski sei der ungerechtfertigten Verurteilung nur entgangen, weil sich im ZK ein Sekretär für ihn eingesetzt hätte.)

Dieser Schmarren ist auch in künstlerischer Hinsicht ein Mist, reicht bei weitem nicht an die früheren Werke Ehrenburgs heran. Soweit der Inhalt nicht Verleumdung der Vergangenheit und Reklame für Chrustschow, ist er banal und lächerlich: da gibt es lauter Liebespaare, die jahrelang brauchen, um zu merken, daß sie sich beide lieben, und die sich in der Zwischenzeit völlig überflüssigerweise fürchterlich quälen. Es ist sozusagen die Entdeckung des »Gartenlauben«-Themas für die Sowjetliteratur, was wir hier erleben!

Von der ersten zur letzten Seite also durchtränkt von – natürlich »fortschrittlich« aufgemachtem – kleinbürgerlichem Mief, verklemmten Gefühlen und spießbürgerlichen Hoffnungen auf eine »entspannte«, idyllische Welt. »... es hieße, die Amerikaner wollten verhandeln, der gesunde Menschenverstand scheine sich durchzusetzen, die Russen würden nach Amerika und die Amerikaner nach Rußland reisen ...« (292).

Man fragt sich nur: wie können solche Wunder geschehen, wie kann ein Mann, der solche Bücher geschrieben hat, wie: Ohne Atempause, Der zweite Tag, Sturm, Der Fall von Paris – wie kann er so etwas schreiben wie »Tauwetter«? Welcher ist der *echte* Ehrenburg, der frühere oder der jetzige Kleinbürger mit seinen konterrevolutionären Stimmungen? Sicherlich beide – d.h. Ehrenburg brauchte *immer* die Partei, um nicht abzurutschen – man denke nur an sein Abgleiten in hysterischen Nationalismus und Deutschenhass während des 2. Weltkrieges, als ihn die Partei sehr drastisch zurechtrufen mußte.

Aber mit welchem Recht spielt sich dieser Mann jetzt als Richter über die sowjetische Vergangenheit auf, er, der der Sowjetjugend auf ihre Frage, ob ein Schriftsteller zur Erweiterung seines Horizontes nicht Auslandsreisen brauche, antwortete, nein, das sei nicht nötig! Und der sich von dieser Jugend sagen lassen mußte, daß diese seine Antwort sehr im Widerspruch zu seiner, Ehrenburgs eigener Entwicklung stünde!

A. Fjodorow: Das illegale Gebietskomitee arbeitet.

Ein ausgezeichnetes Buch über den Kampf der Partisanen unter der Leitung der Partei in der Ukraine. Fjodorow – ein Bolschewik, ein echter Schüler Stalins, einer, der sicher voll Stolz sagen wird: mich hat die Partei, mich hat Stalin erzogen!

Und dennoch, so paradox das auch sein mag, gehört sein Buch zu der Literatur, deren spezielle Aufgabe die Verbreitung eines gegen Stalin, d.h. gegen den Leninismus gerichteten Chrustschow-Kultes ist. (»Tauwetter-Literatur« könnte man sie nennen.) Richtiger muß man sagen: Fjodorows Buch *sollte* zu diesem Zweck dienen, aber das ist mißglückt, weil man aus Fjodorow einfach bei noch so großen Anstrengungen keinen Anti-Stalinisten machen konnte.

Weshalb wurde dann Fjodorow ausersehen, einen Beitrag zur Befestigung eines Chrustschow-Kultes, einer Chrustschow-Legende zu liefern?

Ganz einfach: weil er ein wirklicher Volksheld, ein unerhört populärer Mensch mit großer Autorität ist, dessen Popularität mißbraucht werden sollte, um Chrustschow populär zu machen. Denn Chrustschow war sozusagen der Vorgesetzte Fjodorows im zweiten Weltkrieg, er war mit der Leitung des Partisanenkampfes in der Ukraine beauftragt. Ein Erlebnisbericht Fjodorows konnte also durchaus geeignet sein, die Rolle Chrustschows im zweiten Weltkrieg ordentlich herauszustreichen, ihn sozusagen zu einem der Schöpfer des Sieges machen. Damit dieser erwünschte Effekt aber auch sichergestellt wird, mußte man eine Sicherung einbauen. Fjodorows Bericht mußte entsprechend überarbeitet und zurechtgestutzt werden.

Und so lesen wir denn: »Erlebnisbericht – literarisch bearbeitet von J. Bosnjazki«. Die Bearbeitung sieht so aus, daß die Erwähnung Stalins auf ein winziges Minimum zusammengestrichen wurde – (ihn ganz verschwinden zu lassen, hat sich Fj. offenbar nicht gefallen lassen!) – während Chrustschow immer wieder, und immer sozusagen in Großaufnahme auftritt.

Aber selbst die »literarische Bearbeitung« vermochte dem bolschewistischen Geist dieses Buches nichts anzuhaben, und der Leser behält keinen Zweifel darüber, daß Fjodorow, der Führer des ruhmvollen Partisanenverbandes ›Stalin‹, nicht zu den Schreihälsen und Verleumdern Stalins gehört; er hat nicht zugelassen, daß sein Buch ein Beitrag zur Kampagne Chrustschows contra Stalin wurde. Was negativ bleibt, ist, daß es dazu beiträgt, Chrustschow mit der Gloriole der militärischen Führer des Großen Vaterländischen Krieges zu umgeben. Aber dieses Negativum wiegt gering gegenüber dem Reichtum des Buches, und wir haben Recht getan, dieses Buch herauszubringen. –

V. Alexandrow: Das Leben des Nikita Chrustschow (Paul List Verlag, München 1958)

Ein sehr interessantes Buch, eine tolle Mischung von Erfindung, bewußter Irreführung und aufschlußreichem Tatsachenmaterial. Alles zusammen eine klare Bestätigung der bisherigen Einschätzung Chrustschows als Oberhaupt der neotrotzkistischen Verschwörung.

Bemerkenswert: die große Sympathie, die der Verfasser für Chrustschow hegt: Chrustschows Tätigkeit bedeute »den Beginn eines nicht mehr rückgängig zu machenden Prozesses im Leben der UdSSR: des Prozesses einer Demokratisierung des halb-totalitären Regimes, das der Georgier seinen Nachfolgern hinterlassen hatte.« (118).

(9)
Holz, Jauregui und Eggerdinger – Hans Heinz Holz, Stalin als Theoretiker des Leninismus; Heidi Urbahn de Jauregui, Maßgaben

einer unzeitgemäßen Ästhetik; Stefan Eggerdinger, Der Euro und die Europäische Wirtschafts- und Währungsunion.

Jacoby – Heinz Jacoby, Vinke winkte oder Jüngers alte Jünger.

Baumgarten – Benjamin Baumgarten alias Felix Wemheuer, studierte 1998–2004 in Bochum die Politik Ostasiens und 2000–2002 an der Chinesischen Volksuniversität Peking die Geschichte der Kommunistischen Partei Chinas. Bekannt geworden durch: Chinas »Großer Sprung nach vorn« (1858–1961). Von der kommunistischen Offensive in die Hungersnot – Intellektuelle erinnern sich, Münster u.a.: LitVerlag 2004. Vgl. Gossweilers Erwiderung in Brief Nr. 10.

»Maßgaben« pag 908 – Hacks zitiert nach der Nautilus-Ausgabe (siehe Anmerkung zu Brief 1) aus seinem 1991 erschienenen Essay Ödipus Königsmörder, Über Voltaires Dramen.

(10)

»Der Fall Beria« – siehe Viktor Knoll und Lothar Kölm (Hrsg.), Der Fall Berija. Protokoll einer Abrechnung. Das Plenum des ZK der KPdSU 2. bis 7. Juli 1953. Stenographischer Bericht, Berlin und Weimar: Aufbau 1999.

Tschujew – Felix Tschujew, 140 Gespräche mit Molotow, Moskau: Edition Terra 1991 (in russischer Sprache).

Äußerungen Molotows … übersetzt – Dem Brief lag das folgende Typoskript mit Hervorhebungen und handschriftlichen Anmerkungen von Gossweiler in Kursiv bei:

Aus dem Buche: 140 Gespräche mit Molotow, von F. Tschujew, Moskau 1991

(Übersetzt a.d. Russischen von K.Gossweiler) (März 1998)

Aus dem Abschnitt »Stalin und sein Umkreis« (S. 240–374), Unterabschnitt »Kampfgenossen« (Soratniki), S. 328:

Molotow am 8. März 1974:

»Von meinem Standpunkt aus sehe ich meine erste Pflicht nicht darin, die Geschichte richtig niederzuschreiben, obwohl das eine sehr wichtige und sehr verantwortungsvolle Sache ist.
Eine sehr viel wichtigere und mühevollere Aufgabe, die sehr schwer zu bewältigen ist – das ist [die], zu helfen, die Sache Lenins-Stalins wiederherzustellen und fortzuführen. Aber das führt nicht nur in die Geschichte, das führt noch mehr in die Zukunft.

Die Vergangenheit vom Standpunkt des Zukünftigen und des Gegenwärtigen zu analysieren – das ist es, was ich für wichtig halte. Natürlich werde ich diese Aufgabe nicht auf mich nehmen, das vermag ich nicht. Aber mitzuhelfen, dieser Sache die richtige Gedankenrichtung zu geben – das, meine ich, ist jetzt notwendig.«

Tschujew fragt Molotow am 22. April 1970:
»Haben [sie] hat man Stalin vielleicht vergiftet?«

Molotow: »Möglich. Aber wer will das heute beweisen?
Ihn haben gute Ärzte behandelt. Likomski – ein guter Therapeut; Tarejew ... Kuperin – er war Administrator. Immer war irgendein Mitglied des Politbüros anwesend. Auch ich hielt Wache.
Nun, als er starb – da fing das alles an.« (S. 327).

Molotow erinnert sich (9. Juni 1976, S. 228):

»Stalin sagte einmal während des Krieges: ›Ich weiß, nach meinem Tode wird man mein Grab mit Haufen von Schmutz bedecken. Aber der Wind der Geschichte wird ihn mitleidlos hinwegwehen!‹.«

MOLOTOW ZU DEN BERATUNGEN IN DER SOWJETFÜHRUNG ÜBER DIE DDR im FRÜHJAHR 1953
(Aus: Felix Tschujew, Hundertvierzig Gespräche mit Molotow, Moskau 1991, russ.)

»Molotow erzählte, daß man ihn nach Stalins Tod ins Außenministerium zurückholte. Beraten wurde die deutsche Frage, wie vorzugehen. Molotow war als Mitglied des Politbüros zuständig für die DDR gewesen (›kurirowal GDR‹).«

Molotow: »Nach Stalin wurde versucht, mit unserer Politik zu brechen. Beria war ein aktiver Mann in Bezug auf Deutschland. In dieser Frage zeigte er sich von keiner guten Seite. Bei uns gibt es keine leichten Zeiten, und 1953 kamen Berichte auf, daß die Lage in der DDR nicht völlig in Ordnung sei. Ich rief am Sonntag im Außenministerium Gromyko zu mir. Ich hatte damals zwei Stellvertreter – Gromyko und Kusnezow, Wassili, der jetzt im Präsidium des Obersten Sowjets sitzt. Ich rief Gromyko als den Erfahreneren. Wir haben mit ihm die Frage beraten, gemeinsam einen Vorschlag ausgearbeitet, schriftlich, darüber, was in der DDR zu tun sei. Damals war dort Ulbricht an der Spitze; er war ein der Sache er-

gebener Kommunist, ein bewußter Genosse, aber ein wenig stur (prjamolinejni), es fehlte ihm an Flexibilität; sie fingen dort an, mit lauter Stimme vom Sozialismus in der DDR zu reden, obwohl nichts dafür vorbereitet war.
Wir sprachen in unserem Vorschlag davon, daß Ulbricht und andere führende Funktionäre – nein, wir nannten nicht Ulbricht, sondern die Führung der SED, – eine forcierte Politik des Angriffs auf die kapitalistischen Elemente durchführten, was unrichtig sei, notwendig sei es, behutsamer vorzugehen …
Wir schrieben in dem Vorschlag des Außenministeriums: ›Keine forcierte Politik des Aufbaus des Sozialismus in der DDR durchführen.‹ Berija aber schlug vor, das Wort ›Forcierte‹ zu streichen. Also wir schlugen vor, nicht zu forcieren, er aber schlug vor, das Wort ›forciert‹ zu beseitigen, sodaß herauskommen würde: ›Keine Politik des Aufbaus des Sozialismus in der DDR durchzuführen‹. Wir fragten: ›Warum das?‹ Er antwortete: ›Weil wir nur ein friedliches (mirnaja) Deutschland brauchen, ob dies nun sozialistisch ist oder nicht, kann uns egal sein.‹
Der Sinn unseres Vorschlages bestand darin, der SED den Kurs auf Sozialismus zu weisen, ohne sich zu übereilen und nicht losgelöst von der tatsächlichen Lage, weil dafür bisher wenig getan war. Wir legten diesen Vorschlag dem Politbüro vor, dort wurde noch genauer alles niedergeschrieben. Im Politbüro begannen Meinungsverschiedenheiten. Berija, der damals anfing, eine aktive Rolle zu spielen, trat mit dem Standpunkt auf: ›Wozu muß man in der DDR Sozialismus machen, wenn sie nur ein friedliches Land ist, genügt uns das; *was* für ein Land, das ist dann unwichtig.‹
Ich trat dagegen mit einer neuerlichen Erklärung auf – daß ich es für sehr wichtig hielte, welchen Weg die DDR beschreitet, sie sei ein hochentwickeltes kapitalistisches Land im Zentrum Europas, und obwohl nur ein Teil Deutschlands, hänge von ihr vieles ab, deshalb müsse fester Kurs auf den Aufbau des Sozialismus gehalten werden, jedoch ohne sich zu übereilen –
Berija bestand darauf: es sei unwichtig, ob die DDR zum Sozialismus geht oder nicht, wichtig sei, daß sie friedlich sei. Im Politbüro gingen die Stimmen auseinander. Chrustschow unterstützte mich. Das hatte ich nicht erwartet. Hauptperson damals aber war Malenkow. Malenkow und Berija waren, so schien es, dicke Freunde, aber ich habe daran nie geglaubt. Berija hat sich im übrigen für Grundsatzfragen wenig interessiert, der Politik – Sozialismus dort oder Kapitalismus – legte er keine große Bedeutung bei, Hauptsache war, eine feste Stütze zu haben.

Wir stritten. Malenkow führte den Vorsitz, weil im Politbüro immer der Vorsitzende des Ministerrates präsidierte. Malenkow hüllte sich in Schweigen, aber ich wußte, daß er Berija folgte. Da wir zu keinem bestimmten Ergebnis kamen, wurde eine Kommission gegründet: Malenkow, Berija und ich. Ich war dafür, daß die Politik des sozialistischen Aufbaus nicht forciert wurde, Berija dafür, keine Politik des Aufbaus des Sozialismus zu betreiben. Malenkow aber schwankte mal hierhin, mal dorthin. Berija rechnete damit, daß Malenkow ihn unterstützt. Und Chrustschow – das war ja sein Freund. Ich hielt mich etwas zurück. Malenkow schwieg sich aus. Ich war in der Situation, daß ich mich in dieser Kommission isoliert befinden konnte. Nach der Sitzung schaute ich aus dem Fenster: dort gingen die drei zusammen. Im Kreml, Berija, Malenkow und Chrustschow gingen zusammen spazieren. Abends rief ich Chrustschow an, genauer, am späten Nachmittag. ›Nun, was gibt es bei [Ihnen] Euch? Du hast mich doch in der deutschen Frage unterstützt, aber ich sah, wie ihr Euch abgesprochen habt, wahrscheinlich gegen mich?‹ ›Nein, ich werde Dich unterstützen, ich halte das für richtig. Das, was Du vorgeschlagen hast, werde ich kräftig unterstützen.‹ Das habe ich ihm als Plus angerechnet.
Ich war zufrieden. Dachte bei mir: Den Chrustschow werden alle Schwankenden unterstützen, die sich noch nicht festgelegt haben. An diesem Abend rief mich Berija an und sagte: ›Wozu sollen wir noch einmal zusammenkommen? Sag einfach durchs Telefon, daß Du einverstanden bist und die Resolution annimmst. Verzichte auf Deinen Vorschlag!‹
… Er versuchte mir zuzureden: ›Sozialismus in Deutschland ist nicht nötig!‹ Aber ich antwortete: ›Ich bleibe bei meinem Standpunkt. Das ist eine prinzipielle Frage, die zugleich verbunden ist mit der Frage, was im Falle eines Krieges geschieht.‹ Berija darauf: ›Na, zum Teufel mit Dir, wir brauchen nicht mehr zusammenkommen, ich bin mit Deinem Vorschlag einverstanden.‹ Er hat, wie man so sagt, auf den Busch geklopft, aber vergeblich. Ich meine, er war an Grundsatzfragen nicht besonders interessiert, sondern dachte, wenn wir stark sind, kann uns nichts erschüttern. Ungefähr so. Auf jeden Fall hat er in dieser Sache nicht weiter gebohrt. Ich sagte ihm: ›Nun, mit Dir bin ich einig, daß wir nicht mehr zusammenkommen müssen, aber was ist mit Malenkow?‹ Darauf er: ›Mit Malenkow werde ich mich einigen.‹ Malenkow hat keine entscheidende Rolle gespielt. Mit ihm habe ich nicht gesprochen. Wir einigten uns, ALLE GABEN IHRE Zustimmung und unterzeichneten. Berija gab mir nach. Offenbar hatte Chrustschow ihn dazu gebracht.«

Frage F. Tschujews an Molotow: »Wie dachte Stalin in dieser Angelegenheit? Hat er mit Ihnen nicht darüber gesprochen?«
Molotow: »Darüber konnten wir gar nicht gesprochen haben, was Berija jetzt, nach Stalins Tod, vorschlug. Stalin hat sich doch zur Gründung der DDR geäußert, erklärt, daß dies eine neue Etappe in der Entwicklung Deutschland sei. Stalin – darüber konnte es gar keinen Zweifel geben – war ein Mensch, der alles für den Sozialismus hingeben und keine sozialistische Errungenschaft preisgeben würde. Wir waren dafür, den Sozialismus in der DDR langsam zu entwikkeln ... und nicht zu forcieren, aber Berija sagte: ›Nicht durchführen! Keine Politik des Aufbaus des Sozialismus durchführen.‹
Ich habe dagegen gehalten, daß es kein friedliches Deutschland geben kann, wenn es nicht den Weg des Sozialismus beschreitet. Das Gerede von einem ›friedlichen Deutschland‹ meine in Wirklichkeit ein bourgeoises Deutschland, aber ein bürgerliches Deutschland werde kein friedliches Deutschland sein. Aber wenn es sich auf den Weg des Sozialismus begebe, ohne das zu forcieren –, sondern vorsichtig, lavierend, solange unsere Position nicht stärker geworden ist – bis dahin muß man sehr behutsam sein. Wir haben diese Frage im Mai 1953 beraten, aber schon im Juni (i.Original steht: Juli, d.Übers.) kam es zum Aufstand. (Wosstanie.) ...
Berija aber sagte damals: ›Sozialismus brauchen wir nicht, wenn es nur friedlich ist ...‹
Ich denke, daß Chrustschow ein Rechter war, aber Berija noch viel rechter, noch viel schlechter. Dafür gab es Beweise. Beide waren Rechte. Auch Mikojan. Aber es waren doch unterschiedliche Persönlichkeiten. Wenngleich Chrustschow ein Rechter war, durch und durch verfault, – Berija war noch rechter, noch verfaulter. Und das kam bei der deutschen Frage zum Vorschein.
Bei Chrustschow zeigte sich auf einmal ein Äderchen russischen Patriotismus, der sich nicht bei Berija zeigte, deshlab untrstützte mich Chrustschow in der deutschen Frage.
Ich denke, daß ihm ein gewisser russischer Nationalismus geholfen hat, die Staatsinteressen zu begreifen. Rußland spielt nicht die letzte Rolle im Staat, aber wenn da nur russischer Nationalismus vorhanden wäre, dann wichen wir vom leninistischen Verständnis ab. Aber Chrustschow folgte in dieser Angelegenheit nicht Berija.
Sollen unsere Leute ihr Blut umsonst vergossen haben? Wenn die DDR nicht den Weg des Sozialismus einschlägt, dann wird das das alte Deutschland.«

(Aufzeichnungen Tschujews v. 31.7.1972, 6.6.1973, 29.4.1982.)

Bemerkung des Übersetzers (Kurt Gossweiler): 2. Fassung, Brief an Hacks, 19. Aug. 98

Es ist unübersehbar, daß Chrustschow bei Molotow zu gut wegkommt; daß er seine wirkliche Rolle nicht durchschaut hat. Zugleich wird deutlich, was ihn daran gehindert hat: er entdeckt bei Chrustschow »ein Äderchen russischen Patriotismus«, der jedoch bei Berija völlig fehle. Auch aus anderen Stellen des Buches ist zu erkennen, daß Molotow, ein so guter Marxist-Leninist und Kommunist er war, doch nicht völlig frei war von einem Rest russischen Nationalismus und auch nicht völlig frei von einem Rest Antisemitismus. In diesem Falle zeigt sich das in der Beurteilung: Chrustschow (der Russe) [bzw.] ein Rechter und verfault, aber Berija (der Jude) ist noch rechter und verfaulter, und dies ist für Molotow klar erwiesen an nur der einen Frage: dem Verhalten zur DDR, wobei er völlig außer acht läßt, daß Chrustschow mehrfache Beweise dafür geliefert hat, daß er bereit war, die DDR dem BRD-Imperialismus genau so auszuliefern, wie das sein Nachfolger und Vollender Gorbatschow noch zu Molotows Lebzeiten einleitete.

zwei Bücher von Ludo Martens – Ludo Martens, Die UdSSR und Die samtene Konterrevolution, Berchem: EPO Verlag 1993; ders., Stalin anders betrachtet, Berchem: EPO Verlag 1998.

(11)
Alfred Neumann – (*15. Dezember 1909, Berlin; † 8. Januar 2001, ebenda), Mitglied des Politbüros des Zentralkomitees der SED und kurzzeitig Minister für Materialwirtschaft der DDR. Im Zuge des Sturzes von Walter Ulbricht weigerte sich Neumann, eine geheime »Bitte« des Politbüros an die sowjetische Führung um Ablösung Ulbrichts zu unterschreiben. 1989 trat er mit dem Ministerrat zurück, wurde aus dem Politbüro und 1990 aus der SED/PDS ausgeschlossen. Vgl. Siegfried Prokop, Poltergeist im Politbüro. Siegfried Prokop im Gespräch mit Alfred Neumann, Frankfurt (Oder) 1996, erweitert: Ulbrichts Favorit, Auskünfte von Alfred Neumann, Berlin 2009. Hacks widmete Neumann das Gedicht »Das Vaterland« (HW 1, 334 ff.).

Dietmar Keller – (*17. März 1942, Chemnitz), Diplomlehrer für Marxismus-Leninismus, 1990 Kulturminister der DDR. Sprach sich vor der Enquete-Kommission des Bundestages gegen die SED und den Sozialismus aus.

Kulturminister Hoffmann – Hans-Joachim Hoffmann (*10. Oktober

1929, Bunzlau; †19. Juli 1994, Berlin), Elektromonteur. 1973–1989 Minister für Kultur.

Lutsch – Sonderabteilung im KGB mit dem Ziel, die Politik Gorbatschows in der DDR mit allen Mitteln durchzusetzen, wogegen sich Honecker seit 1987 zunehmend sperrte.

(12)

Ihre Auszeichnung mit dem Jugendliteraturpreis 1998 – Am 12. Oktober 1998 wurde Hacks für sein Gesamtwerk der Sonderpreis des Deutschen Jugendliteraturpreises 1998 verliehen.

Harald Kretzschmar – (*1931, Berlin), Karikaturist und Illustrator.

»Operette für Schauspieler« – Peter Hacks, Orpheus in der Unterwelt. Operette für Schauspieler in drei Akten und einem Nachspiel nach Calzabigi, Crémieux und Halévy. Musik von Jacques Offenbach; in: HW 8, S. 5 ff.; uraufgeführt am 11. September 1998 im Kulturpalast Bitterfeld, Regie: Stefan Nolte.

mein Verleger – Stefan Eggerdinger war langjähriger Leiter des Verlags Das Freie Buch sowie des Verlags zur Förderung der wissenschaftlichen Weltanschauung, in dem der Streitbare Materialismus erschien.

Vorträge ... in Brüssel – Stärken und Schwächen im Kampf der SED gegen den Revisionismus, Referat gehalten auf der Internationalen Beratung der Partei der Arbeit Belgiens am 2. Mai 1993 in Brüssel, abgedruckt in: Wider den Revisionismus, a.a.O., S. 341–386, sowie Die Überwindung des Anti-Stalinismus – Eine wichtige Voraussetzung für die Wiederherstellung der kommunistischen Bewegung als einer einheitlichen marxistisch-leninistischen Bewegung, Referat auf der Internationalen Beratung der Partei der Arbeit Belgiens am 1. Mai 1994 in Brüssel, a.a.O., S. 233–245.

Zu L. Martens lege ich noch zwei Kopien bei – Dem Brief beigelegt waren Kopien der Seiten 100–103 aus Ludo Martens, Die UdSSR und Die samtene Konterrevolution, a.a.O.

(13)

Anfang eines Interviews – Dem Brief lagen die vier folgend wiedergegebenen Seiten eines Typoskripts bei, in dem Hacks die hier kursiv hervorgehobene und in Brief 14 zitierte Passage anstrich und mit der Nebenbemerkung

Trotzki
Mao

(in dieser Weise) versah.

LUDO MARTENS von der heutigen Partei der Arbeit Belgiens über Stalin und den Antistalinismus / Ein Gespräch

»Die samtene Konterrevolution«

Ludo Martens gehört zu den Gründern der heutigen Partij van de Arbeit Belgiens (Partij van de Arbeid). Die Partei ist 1979 hervorgegangen aus der »AMADA-TPO« (Alle-Macht-den-Arbeitern). In dieser Gruppierung hatten sich die Aktiven aus der revolutionären Studentenbewegung des Jahres 1968, Kommunisten, die die »Kommunistische« Partei Belgiens verlassen hatten, Mitglieder verschiedener Organisationen und militante Gewerkschafter aus ABVV (Allgemeine Gewerkschaftsbund Belgiens) und ACV (Christliche Gewerkschaftsorganisation) zusammengeschlossen. Die PVDA versteht sich als internationalistischer kommunistischer Kampfbund. Ihr Mitglieder sind Flamen, Wallonen, Brüsseler und selbstverständlich Menschen, die nicht die belgische Nationalität besitzen, aber in Belgien leben. Sie kämpft: »gegen das Großkapital, gegen die Banken, die Holdings, gegen die Großunternehmen, gegen die Multinationalen.« Sie richtet sich gegen die »heutige Staatsmaschinerie, das Instrument, mit dem das Großkapital ihre Macht aufrecht erhält ...« Der Zahl ihrer Mitglieder nach mag die PVDA einem eher klein vorkommen. Ihre Aktionskraft verhält sich dafür umgekehrt proportional zu ihrer Größe.

[Frage:] Ihr habt neulich ein Buch über Stalin herausgebracht mit dem Titel (»Un autre regard su Staline« – »Stalin anders gesehen«). Was hat euch dazu veranlaßt?

[Ludo Martens:] Ich denke, daß die Position zu Stalin eines der Probleme ist, die in der internationalen kommunistischen Bewegung angepackt werden müssen. Nach dem Zusammenbruch des Kommunismus in der Sowjetunion und in Osteuropa haben wir erst eine gründliche Analyse der Perioden Gorbatschow und teilweise auch über die Periode Breschnew und Chrustschow gemacht. Wir haben darüber ein Buch herausgebracht. Es heißt »Die samtene Konterrevolution« (»De fluwele Kontrarevolutie«). Es ist im wesentlichen eine Analyse des Revisionismus so wie er sich in der kommunistischen Bewegung seit Chrustschow entwickelt hat.

[Frage:] In dem Buch wird auseinandergesetzt, wie Chrustschow eigentlich einen ideologischen Bruch bedeutet mit der grundsätzlichen Linie der KPdSU, daß dieselbe ideologische Linie unter Breschnew fortgesetzt wurde – und zwar mit einigen spezifischen Änderungen. Aber die Grundprinzipien, nämlich, daß der Sozialismus definitiv gesiegt hat, daß es im Sozialismus keinen Klassenkampf mehr gibt, daß keine Gefahr mehr besteht für das Wiederaufleben des Kapitalismus, für den Bestand des Sozialismus und daß dementsprechende »Überbordwerfen« jeglicher politischer Wachsamkeit, wie unter Chrustschow, zur Leitlinie wurde, sind in der Folge fortgesetzt und vertieft worden. *Daraufhin haben sich Tendenzen wie Arrivismus, Bürokratismus, Technokratismus unter Breschnew ständig weiterentwickelt.*

[Ludo Martens:] Es ermöglichte die Entwicklung eines kapitalistischen Sektors in der Gesamtwirtschaft, die sich mit Funktionären in der Partei und im Staatsapparat verbündete. Diese waren korrupt und handelten Hand in Hand mit dem schwarzen Sektor. So kam im Schoße von Partei und Staat eine neue Klasse von Kapitalisten auf.

[Frage:] Gorbatschow hat doch aber gerade die Schicht der Partei- und Staatsbürokratie entmachten oder zumindest neutralisieren wollen?

[Ludo Martens:] Ja, um die Partei zu entmachten. Aber die Klasse der Kapitalisten ist unter Gorbatschow eigentlich erst herangereift. Und es ist Gorbatschow gewesen, der diese herangereifte (neue) politische Klasse in seinem »Glasnost« offen politisch lanciert hat. »GLASNOST« ist tatsächlich eine politische Kampagne gewesen zur Beförderung aller möglichen bourgeoisen und anti-kommunistischen Gedanken. Dann schob er seine »Perestroika« nach, die eigentlich die freie Marktwirtschaft, den kapitalistischen Sektor, der schon sehr stark war, befördert hat. Letztendlich kam der endgültige Bruch mit der sozialistischen Vergangenheit. Die Wiederherstellung des Kapitalismus wurde möglich. Das alles haben wir im ersten Buch [...]

Geniestreich – Anläßlich Bertolt Brechts 100. Geburtstag hatte das ND Schriftsteller aufgefordert, Gedichte von ihm zum Abdruck in einer Folge »Mein liebstes Brecht-Gedicht« vorzuschlagen. Hacks wählte das »Lied vom Klassenfeind« aus, das am 26.10.1998 über eine halbe Seite des ND füllte.

(15)
beigelegtem Brief – Siehe Kurt Gossweiler, Zu den Positionen der MLPD, Aus einem bisher unveröffentlichten Brief an einen Funktionär der MLPD vom 6. November 1994, kurt-gossweiler.de/zu-den-positionen-der-mlpd-november-1994.

(16)
Frau Wauer hat versprochen, mir zu helfen – Bei dem Brief waren abgelegt eine auf den 18.11.1998 datierte Rechnung des Presse-, Publikations- und Informationsdienstes – PPI – der KPD, Redaktion Eigenverlag und Vertrieb »Wilhelm Pieck«, an den Empfänger Peter Hacks für die drei Artikel »1 x [Die UdSSR und Die samtene] Konterrevolution«, »1 x Stalin anders betrachtet« und »1 x Heft 41« über 64,80 DM sowie ein auf den 21.11.1998 datierter Überweisungsauftrag von Hacks an Die Rote Fahne mit der entsprechenden Summe. Bei Heft 41 der Schriftenreihe der KPD handelt es sich um Hans Wauer und Eduard Friedweg, Die Wahrheit über Stalin – Entlarvung der verlogenen Geheimrede Chruschtschows an den XX. Parteitag der KPdSU.
Argumentation gegen Briese – siehe Anmerkung zu Brief 15.

(17)
Cidevants – Reaktionäre.

(18)
Kopie eines Briefes von Manfred Wekwerth – Dem Brief an Hacks waren die folgenden drei Dokumente beigelegt.

[1.] Manfred Wekwerth

Genossen Kurt Gossweiler

Brecht (1956)
Der Zar hat mit ihnen gesprochen
Mit Gewehr und Peitsche
Am blutigen Sonntag. Dann
Sprach zu ihnen mit Gewehr und Peitsche
Alle Tage der Woche, alle Werktage
Der verdiente Mörder des Volkes.

Die Sonne der Völker
Verbrannte ihre Arbeiter.

Der größte Gelehrte der Welt
Hatte das kommunistische Manifest vergessen.
Der genialste Schüler Lenins
Hat ihn aufs Maul geschlagen.

Aber jung war er tüchtig
Aber alt war er grausam
Jung
War er nicht Gott

Der zum Gott wird
Wird dumm.

Lieber Genosse Gossweiler, das ist Brechts Meinung zu Stalin. Bitte berufe Dich nicht auf ihn, wenn Du meinst, Stalin verteidigen zu müssen. Brechts Bemerkung, daß die Verurteilten zu Recht zum Tode verurteilt wurden, bezieht sich ausschließlich auf die Tatsache, daß sie – erzwungen oder nicht – falsche Geständnisse abgelegt haben. Wie sehr Brecht Bucharin schätzte, kannst Du der Tatsache entnehmen, daß er Bucharins Schlußrede zum Ausgangspunkt der Schlußrede seines Galilei nahm.

[2.] Grünau, 4.12.[19]98

Lieber Genosse Wekwerth,

eine alte Weisheit sagt: schreibe keinen Brief im Zorn, schlafe erst eine Nacht darüber!
Ich will Dir keine Antwort von mir auf Deinen Brief zumuten; aber vielleicht bist Du bereit, die beiden beigelegten Produktionen des Ruhrgebiets-Kommunisten Rolf Vellay bis zu Ende zu lesen, auch wenn Du anderer Ansicht bist als er.
Was ich außerdem beilege, dient nur dazu, Dich von einem Irrtum hinsichtlich Chrustschows »Geheimrede« zu befreien: Aus dem Interview Chrustschows mit Catledge vom 10. Mai [19]57 kannst Du ersehen, daß nicht ich, sondern Chrustschow der erste war, der seine im Westen veröffentlichte Geheimrede als »Produkt von Allan Dulles« bezeichnete. Es muß Dir genau so klar sein wie mir, daß Chrustschow in diesem Interview dreist schwindelt: natürlich kannte er – wie auch die anderen Führungsmitglieder – die New-York-Times-Veröffentlichung, und natürlich entsprach sie genau

seinem Text. Nichts wäre leichter gewesen, sie als Fälschung zu entlarven, wenn sie eine gewesen wäre: man hätte nur den Originaltext zu veröffentlichen brauchen. Aber in all den folgenden Jahrzehnten wurde diese Rede in der Sowjetunion *nicht* veröffentlicht – erst fast am Ende der Gorbatschow-Zeit geschah das!
Eine weitere Kopie aus den »Erinnerungen« Lasar Kaganowitschs informiert darüber, wie die Delegierten des 20. Parteitages und die Präsidiums-Mitglieder von Chrustschow überrumpelt wurden, um diese Rede anhören zu müssen.
Zwei weitere Kopien geben Aufschluß über die Einschätzung dieser Rede durch die KPI und die KPF. Im Zusammenhang damit drängt sich mir die Frage auf: Sollte Brecht entgangen sein, was sowohl Togliatti wie die KPF feststellten, nämlich, daß diese Erklärung Chrustschows zu Stalin »außerhalb der dem Marxismus eigenen verstandesmäßigen Urteilskraft« liegt?
Vielleicht muß man, wenn man seinerzeit – und bis heute – diese Erklärung als Wahrheit aufnahm, sie heute noch einmal lesen, um die Kritik der beiden Parteien nachvollziehen zu können.
Zum Schluß: ich gebe Dir mein Buch zurück, weil es für die eigentlich vorgesehene Bestimmung – nämlich an Freunde verschenkt bzw. an Interessenten zum Autorenpreis verkauft zu werden –, nicht mehr tauglich ist: Du hattest mit einem Klebeband Dein Schreiben am Bucheinband befestigt, bei dessen Entfernung der Einband beschädigt wurde.

[3.] *Manfred Wekwerth über Brechts Meinung zu Stalin:*

Nach Zitierung von Brechts Gedicht von 1956 über den »Verdienten Mörder des Volkes« Stalin: »Das ist Brechts Meinung zu Stalin ... Brechts Bemerkung, daß die Verurteilten zu Recht zum Tode verurteilt wurden, bezieht sich ausschließlich auf die Tatsache, daß sie – erzwungen oder nicht – falsche Geständnisse abgelegt haben.«

Brecht über die Moskauer Prozesse:
(Schriften zur Politik und Gesellschaft I, Aufbau-Verlag 1968, S. 168ff.)

»Die Prozesse haben auch nach der Meinung erbitterter Gegner der Sowjetunion und ihrer Regierung mit aller Deutlichkeit das Bestehen aktiver Verschwörungen gegen das Regime erwiesen ... Ihre Politik beruhte auf Defaitismus und hatte die Herbeiführung von Defaitismus zum Ziel ... Die sympathisierenden Intellektuellen er-

schrecken ehrlich über die Geständnisse ... es fragt sich also zunächst, ob eine politische Konzeption denkbar ist, die die zugestandenen Handlungen der Angeklagten motivieren könnte. Eine solche Konzeption ist denkbar ... So denkbar eine solche Konzeption ist, so denkbar ist es, daß sie als falsch eingesehen werden kann ... Einzugehen auf die Frage, ob sich die Sowjetunion in ihrer jetzigen Lage imstande sieht, bei der Aufdeckung und Diffamierung lebensgefährlicher Verschwörungen mit konterrevolutionärer Tendenz den Forderungen des bürgerlichen Humanismus nachzukommen, ist da ganz müßig. Lenin selbst hat im Verlauf der großen Revolution, als er den Terror verlangte, immer wieder gegen die rein formalistische Forderung, nach einem, dem tatsächlichen gesellschaftlichen Zustand nicht entsprechenden, in factum konterrevolutionären Humanismus schärfstens protestiert ...
Was wir zu tun haben, ist: sie (die Anklage) begreiflich zu machen. Wenn die in den Prozessen Angeklagten zu gemeinen Verbrechern herabgesunken sind, so muß für Westeuropa diese Karriere als eine politische erklärt werden; das heißt, diese Politik als zu gemeinen Verbrechern führend ...
Die falsche politische Konzeption hat sie tief in die Isolation und tief in das gemeine Verbrechen geführt. Alles Geschmeiß des In- und Auslandes, alles Parasitentum, Berufsverbrechertum, Spitzeltum hat sich bei ihnen eingenistet: Mit all diesem Gesindel hatten sie die gleichen Ziele. Ich bin überzeugt, daß dies die Wahrheit ist, und ich bin überzeugt, daß diese Wahrheit durchaus wahrscheinlich klingen muß, auch in Westeuropa, vor feindlichen Lesern ...
Der Politiker, dem nur die Niederlage zur Macht verhilft, ist für die Niederlage. Der der ›Retter‹ sein will, führt eine Lage herbei, in der er retten kann, also eine schlimme Lage.«

die beiden Stücke zum 17. Juni – Ein Brief zum 17. Juni 1953 an den Vorsitzenden der Zentralen Partei-Kontroll-Kommission der SED, Hermann Matern (2. Juli 1953), in: Wider den Revisionismus, a.a.O., S. 37–45, sowie Hintergründe des 17. Juni 1953, a.a.O., S. 47–69.

(21)

Gremliza – Hermann L. Gremliza (*20. November 1940, Köln, †20. Dezember 2019, Hamburg), Verleger, Schriftsteller, seit 1974 Herausgeber der Zeitschrift konkret.

Netanjahu – Benjamin Netanjahu (*21. Oktober 1949), israelischer Politiker des Likud-Blocks, war 1996–1999 und 2009–2021 Ministerpräsident Israels.

Abendroth – Wolfgang Abendroth (*2. Mai 1906, Wuppertal; †15. September 1985, Frankfurt am Main), Professor der Politologie.

(22)

Gedichte »Denkmal für ein Denkmal« 1 und 2 – siehe konkret 9/1999 und 10/1999.

12 Gysi-Thesen – siehe Anmerkung zu Brief 24.

Organ der Plattform – offen-siv war bis 2002 Organ der Kommunistischen Plattform der PDS in Hannover.

(23)

»Entfaltung des Revisionismus« – Kurt Gossweiler, Die Entfaltung des Revisionismus in der kommunistischen Weltbewegung und in der DDR – Teil 1; Vortrag, gehalten auf der Konferenz »50 Jahre DDR – Für Sozialismus und Frieden – Zur Verteidigung des revolutionären Erbes«, Berlin, 20. und 21. November 1999; veröffentlicht in: Auferstanden aus Ruinen. Über das revolutionäre Erbe der DDR, Hannover: offen-siv (Protokollband) 1999, S. 148–184. Teil 2 ist nicht erschienen.

(24)

Phänomen Branstner – Gerhard Branstner (*25. Mai 1927, Blankenhain; †18. August 2008, Berlin), Schriftsteller, Philosoph, Aphoristiker, Feuilletonist und »Individualkommunist« (laut Hacks), versuchte nach 1990, aus Antireformismus und Antistalinismus einen freigeistigen Marxismus zu synthetisieren. Im April 2000 wurde er aufgrund seines am 14. März 2000 in der Zeitung »junge Welt« veröffentlichten Artikels »Klartext, Herr Genosse Gysi!« aus der PDS ausgeschlossen. Nach seinem Einspruch dagegen wurde der Ausschlussbeschluss im Juni 2000 wieder aufgehoben.

Klaus Steiniger – (*28. Dezember 1932, Berlin, †9. April 2016, ebenda), Jurist und Journalist. Trat nach 1990 in die DKP ein und erreichte leitende Funktionen. Vertrat die These, die DDR sei die größte Errungenschaft der deutschen Arbeiterbewegung. Als die DKP-Leitung versuchte, unerbetenen Einfluß auf die Ortsgruppenzeitschrift »RotFuchs« der DKP-Gruppe Berlin-Nordost zu nehmen, in der Steiniger und Gleichgesinnte sich äußerten, gründete sich ein Trägerverein, und der »RotFuchs« erscheint seitdem in Eigenregie.

Lesestoff – Nina Andrejewa, Ich kann meine Prinzipien nicht preisgeben, mit einführenden Bemerkungen von Kurt Gossweiler, Heft 53 der Schriftenreihe der Kommunistischen Partei Deutschlands; sowie der Ziegenhalser Rundbrief des Freundeskreises »›Ernst-

Thälmann-Gedenkstätte‹ Ziegenhals« vom Februar 2000, worin auf den Seiten 1–8 Kurt Gossweilers Rede vor der Ernst-Thälmann-Gedenkstätte Ziegenhals vom 6. Februar 2000 dokumentiert und auf Seite 3 das Gedicht »Kahnpartie zu Thälmann« von Peter Hacks eingerückt ist. In Gossweilers Rede ist folgende Passage angestrichen:

Michael Gorbatschow, hat – geil auf Anerkennung von Seiten seiner westlichen Gönner – sich dessen in einem Vortrag in der Amerikanischen Universität in Ankara im Herbst vorigen Jahres mit folgenden Worten gerühmt:
»Mein Lebensziel war die Zerschlagung des Kommunismus, der eine unerträgliche Diktatur über das Volk ist. In dieser Haltung hat mich meine Ehefrau unterstützt und bestärkt, die diese Meinung schon früher als ich hatte. Am meisten konnte ich dafür in den höchsten Funktionen tun. Deswegen empfahl meine Frau Raissa mir, mich um immer höhere Funktionen zu bemühen. Als ich den Westen persönlich kennengelernt hatte, war meine Entscheidung unumkehrbar. Ich musste die gesamte Führung der KPdSU und der UdSSR entfernen. Ich musste auch die Führung in allen sozialistischen Staaten beseitigen. Mein Ideal war der Weg der sozialdemokratischen Parteien. ... Ich fand für die selben Ziele Mitarbeiter. Es waren vor allem Jakowlew und Schewardnadse, die gewaltige Verdienste an der Niederwerfung des Kommunismus haben.«*

Die von Gossweiler angegebene Quelle für das Zitat von Gorbatschow lautet:
* In: Unsere Zeit, (UZ) Wochenzeitung der Deutschen Kommunistischen Partei (DKP), v. 8. September 2000.

Kommentar zu den Gysi-Thesen – Kurt Gossweiler, Der »Moderne Sozialismus« – Gedanken zu 12 Thesen Gysis und seiner Denkwerkstatt, in: Mitteilungen der Kommunistischen Plattform in der PDS, 10/1999, S. 14ff., danach in Weißenseer Blätter 4/1999.

(25)
Nina Andrejewa – (*12. Oktober 1938, Leningrad, †24. Juli 2020, Sankt Petersburg), russische Chemikerin und Politikerin, zuletzt Generalsekretärin der Kommunistischen Allunionspartei (Bolschewiki).

Ligatschow – Jegor Ligatschow (*29. November 1920, Dubinkino; † 7. Mai 2021, Moskau), ZK-Sekretär der KPdSU und Gegenspieler

erst Gorbatschows, zusammen mit Jelzin, dann Jelzins. Später Mitglied der Duma.
Gorbatschowzitat – Siehe Anmerkung 3 zu Brief 24.

(26)
Kopien aus dem Buche – Dem Brief beigefügt waren Kopien aus Gerhard Branstner, Witz und Wesen der Lebenskunst oder Die zweite Menschwerdung. Fortgesetzter Marxismus, Schkeuditz: GNN Verlag 1999 (S. 7–11, 44, 134, 173f), worin Branstner unter anderem Gossweiler als »skrupellosen Stalinisten« und sich selbst als den Vollzieher einer »dritten kopernikanischen Wende« nach Kopernikus und Marx bezeichnet.

(27)
STREITPUNKTE IN DER IMPERIALISMUSFRAGE – Die Liste wurde erstmals veröffentlicht in Peter Hacks, Am Ende verstehen sie es, Berlin: Eulenspiegel Verlag 2005, S. 153–156. Siehe auch Peter Hacks, Marxistische Hinsichten, Berlin: Eulenspiegel Verlag 2018, S. 483–486.

(28)
Losurdo – Domenico Losurdo (*14. November 1941, Sannicandro di Bari, † 28. Juni 2018, Ancona), italienischer Philosoph, Lukács-Schüler, Nietzsche-Biograph und Gramsci-Forscher, Professor für Philosophie an der Universität von Urbino. Gab zusammen mit Hans Heinz Holz die Zeitschrift TOPOS heraus. Die von Gossweiler erwähnte siebenteilige Serie erschien in »junge Welt« im März 2000 unter dem Titel: Die kommunistische Bewegung zwischen Selbstkritik und Selbsthaß, später zusammengefasst publiziert als: ders., Flucht aus der Geschichte?, Essen: Neue Impulse Verlag 2000.
»kurzen Brief« – Kurt Gossweiler, Genosse Domenico Losurdos »Flucht aus der Geschichte«, Kritische Anmerkungen; in: Streitbarer Materialismus, Nr. 24, 2000.

(29)
»Kritische Anmerkungen« – Siehe Anmerkung 2 zu Brief 28.
Fülberth gehauen – Peter Hacks, Georg Nostradamus oder Professor Fülberths Vorhersage; in: konkret 10/2000, S. 42–46, sowie in: HW 13, 540–553. Hacks bezieht sich auf Georg Fülberths Aufsatz: Kurze Sprünge; in: konkret 4/2000, S. 36–37. Fülberth erwiderte mit: Ästhetischer Kommunismus; in: konkret 11/2000, S. 41.

(30)
Branstners »kopernikanische Wende« – Siehe Anmerkung zu Brief 26.

(31)
Schölzel – Arnold Schölzel (*21. Oktober 1947, Ritterhude), Philosoph und Journalist, 2000–2016 Chefredakteur der Zeitung »junge Welt«, seit 2016 Chefredakteur des RotFuchs.
(Anlage.) – Dem Brief beigelegt war die Kopie eines Briefes von Kurt Gossweiler an Arnold Schölzel vom 24.8.2000. Darin bietet Gossweiler der Zeitung »junge Welt« den Erstabdruck seiner Kritischen Anmerkungen zu Domenico Losurdos »Flucht aus der Geschichte?« an. Auf der Briefkopie ist handschriftlich notiert: »(Es gab darauf keine Antwort.)«
an Genossen Holz – Dem Brief beigelegt war die Kopie eines Briefes von Hans Heinz Holz an Kurt Gossweiler vom 30.8.2000. Darin bedankt sich Holz für den Erhalt des »ausführlichen Exposés« zu Domenico Losurdos »Flucht aus der Geschichte?«, kündigt an, Losurdo auf dem Kongreß der Gesellschaft für dialektische Philosophie in Nizza persönlich auf Gossweilers Einwände anzusprechen, und stellt in Aussicht, nach dem Kongreß auch selber auf das Exposé einzugehen.

(32)
Neujahrsgrüßen – Der Brief ist in einem freien Feld auf einem Flugblatt »Gedanken zu Weihnachten 2000 und Neujahr 2001« von Kurt Gossweiler eingerückt. Das Flugblatt wird hier komplett und diplomatisch wiedergegeben.

Gedanken zu Weihnachten 2000 und Neujahr 2001

Tagelang dröhnte aus allen Medien: vor zweitausend Jahren ging der Stern von Bethlehem auf und wurde die Botschaft verkündet: Friede auf Erden und den Menschen ein Wohlgefallen!
Ein Segensstern und ein Friedensstern sollte der Stern von Bethlehem sein.

Was aber kam tatsächlich über die Menschheit in den zweitausend Jahren im Zeichen dieses Sterns? Frieden? Wohlgefallen?

Nein: Kriege von den Kreuzzügen bis zu zwei Weltkriegen und zum Atomkrieg.

Bekehrung der Heiden mit Feuer und Schwert.

Versklavung, Vertreibung und Ausrottung von Völkern in Afrika, Asien, Amerika und Australien.

Hungertod von täglich 30 000 Kindern im Jahre 2000 nach Christi Geburt.

Rücksichtslose Ausbeutung von Mensch und Natur bis zur jetzt akut gewordenen Gefahr der Zerstörung der Existenzbedingungen für alles Leben auf dieser Erde.

Das also ist das Ergebnis von 2000 Jahren im Zeichen des Sterns von Bethlehem!

Aber am Anfang unseres Jahrhunderts ging ein anderer Stern auf, der fünfzackige rote Sowjetstern. Seine Botschaft lautete:

Es rettet uns kein höh'res Wesen, kein Gott, kein Kaiser noch Tribun, uns aus dem Elend zu erlösen können wir nur selber tun!

Und: **Proletarier aller Länder, vereinigt Euch!**

Dort, wo nach dieser Botschaft des roten Sterns gelebt wurde, in der Sowjetunion, da wuchs eine Gesellschaft heran, die zwar noch viele Muttermale der alten Gesellschaft trug, die aber in nur drei Jahrzehnten vieles von dem erreichte, was die Prediger des Sterns von Bethlehem verhießen, aber in zweitausend Jahren nicht einzulösen vermochten:

Die Reichen, für die nach christlicher Verkündigung im Himmelreich kein Platz ist – eher ginge ein Kamel durch ein Nadelöhr, als dass sie in den Himmel kämen –, denen wurde im Zeichen des Roten Sterns die Möglichkeit genommen, sich länger auf Kosten der Arbeitenden zu bereichern: sie wurden von ihren Banken, Fabriken und Handelskontoren befreit und diese der Allgemeinheit als Eigentum übergeben.

Damit erhielt die menschliche Arbeit ihren ursprünglichen Sinn zurück: sie diente nicht mehr der Bereicherung der Besitzenden, sondern der immer besseren und reichlicheren Versorgung der Bevölkerung mit allem für ein von Sorgen um den nächsten Tag freies, kulturvolles Leben Notwendigen.

Somit wurden, was im Zeichen des Sterns von Bethlehem bis heute Normalität ist, im Zeichen des Roten Sterns überwundene unmenschliche Vergangenheit:

Arbeitslosigkeit und Obdachlosigkeit und im Winter erfrierende Wohnungslose

Aus Armut hungernde und verhungernde Menschen

Kriege zur Eroberung fremder Rohstoffquellen und Absatzmärkte und zur Unterwerfung und Ausbeutung fremder Völker.

Im Zeichen des Roten Sterns erwiesen sich die Völker der Sowjetunion als die entscheidende Kraft bei der Zertrümmerung der Armeen des deutschen Faschismus.

Als drei Viertel des 20. Jahrhunderts vergangen waren, strahlte der Rote Stern schon über gut einem Drittel der Menschheit, und die Herrscher über die anderen zwei Drittel hatten schon berechtigte Furcht, am Ende des Jahrhunderts werde ihr Herrschaftsgebiet nur noch eine Insel in einem Roten Meer sein.
Aber sie hatten vorgesorgt. Eingedenk der alten Kriegslist, zu versuchen, Festungen, die man nicht stürmen kann, von innen her zu öffnen, suchten und fanden sie Helfer für ein solches Unternehmen, deren einer, nachdem das Unternehmen endlich, nach fast vier Jahrzehnten, zum Erfolg geführt hatte, seine Maske fallen ließ und offenbarte: »Das Ziel meines Lebens war die Vernichtung des Kommunismus!«

Dieses Ziel aber hat er nicht erreicht, es kann weder von ihm noch von irgendjemandem erreicht werden. Gerade die Folgen des »Sieges« über den Roten Stern, der Absturz der Völker der Sowjetunion in ein unbeschreibliches Elend und die weltweite rücksichtslose Vernichtung aller Lebensgrundlagen durch die immer irrsinniger rasende Jagd nach immer weiterer Profitsteigerung legen den Grund dafür, daß es uns gelingen kann, zwar langsam, aber mit Sicherheit immer mehr Menschen zu der Erkenntnis zu führen, daß ihnen und der ganzen Menschheit gar kein anderer Weg zum Überleben bleibt, als zur Botschaft des Roten Sterns zurückzukehren.

Schon muss das Gallup-Meinungsforschungs-Institut registrieren, daß sich in Rußland 61 Prozent der von ihnen Befragten »die alten Zeiten« der Sowjetmacht zurückwünschen.

Natur und Menschheit würden weitere 100 Jahre Herrschaft des Imperialismus nicht überleben. Es ist in diesem 21. Jahrhundert, daß die Menschheit wählen muß zwischen Sozialismus oder Untergang. Wenn die Menschheit nicht Selbstmord begehen will, und weil sie ihn mit Sicherheit nicht begehen will, deshalb muß und wird **das 21. Jahrhundert** vollenden, was im 20. Jahrhundert begonnen wurde

– den Sturz der Profitwirtschaft, die Ausbreitung sozialistischer Republiken auf alle
Kontinente und ihren Zusammenschluss zur

Sozialistischen Welt-Republik!

xxxxxxxxxxxxxxxxxxxxxxxxx

Austrittserklärung – Erklärung zum Austritt aus der PDS, 25.1.2001, kurt-gossweiler.de/erklaerung-zum-austritt-aus-der-pds-25-januar-2001

»Natürlichen System der Linken« – Peter Hacks, Die Namen der Linken; in: offen-siv, Heft 6/2000, S. 4ff, sowie in: konkret 12/2000, S. 41, sowie in: HW 13, 536–539, sowie in: Marxistische Hinsichten, a.a.O., S. 322–325. Hacks hatte, bezogen auf die PDS, geschrieben: »Wieso sind Kurt Gossweiler und André Brie Mitglieder ein und derselben Partei, in die sie beide nicht gehören?« (HW 13, 539). Gossweiler hatte seinen Austritt aus der PDS am 21. Januar 2001 erklärt. Vgl. auch die Reaktion von Hans Heinz Holz auf Die Namen der Linken unter dem Titel: Der Name der Rose; in: offensiv 8/2000, S. 58 f.

(33)

»Die Gedichte« – Peter Hacks, Die Gedichte, Hamburg: Edition Nautilus im Verlag Lutz Schulenburg 2000.

Armin Stolper – (*23. März 1934, Breslau; †17. Dezember 2020), Dramatiker und Dramaturg, von ihm u.a.: Gespräche auf dem Friedhof mit dem anwesenden Herrn Hacks, Berlin: Spotless Verlag 2003.

Kolloquium in Travemünde – Rettung der Tradition. Peter Hacks. Kolloquium vom 17. bis 19.11.2000 an der Ostsee-Akademie in

Travemünde, organisiert und geleitet von Prof. Dr. Rüdiger Bernhardt (*8. September 1940), Literaturwissenschaftler, Professor in Halle. Den im Brief erwähnten Bericht veröffentlichte Bernhardt unter dem Pseudonym Dieter Erbe, Kolloquium »Rettung der Tradition. Peter Hacks« in Travemünde im November. Begeisterte Zustimmung – ungetrübt vom Widerspruch, in: unsere Zeit vom 8.12.2000, S. 9.

Hermann Kopp ... in der letzten Nummer der MBl – Hermann Kopp, von 1990 bis 2014 verantwortlicher Redakteur der Marxistischen Blätter, hatte die Übersetzung und Veröffentlichung mehrerer Beiträge von Domenico Losurdo besorgt. Gossweiler bezieht sich hier insbesondere auf Domenico Losurdo, Die Demokratie als universeller Wert, in: Marxistische Blätter 1/2001, S. 15–23.

ein Buch besprochen – Siegfried Prokop besprach in der »jungen Welt« vom 27. Januar 2001 das Buch: Peter Joachim Lapp, Ulbrichts Helfer. Wehrmachtsoffiziere im Dienste der DDR, Bonn: Bernard und Graefe 2000. Der hier relevante Abschnitt lautet: »Bisher war bekannt, daß 1955/56 Treffen von Bundesfinanzminister Fritz Schäffer (CSU) mit dem Stabschef der KVP/NVA Vincenz Müller in Ostberlin stattfanden, bei denen der Gedanke einer deutsch-deutschen Konföderation zur Sprache kam. Walter Ulbricht machte sich die Idee ab 1957 zu eigen und präsentierte bis Mitte der 60er Jahre diverse Konföderationsvorschläge. Am 19. November 1958 äußerte sich schließlich Vincenz Müller im DDR-Fernsehen über die Geheimgespräche mit Schäffer und ordnete sie in die Deutschlandpolitik der SED ein. Widerwillig mußte Bonn, das bisher gemauert hatte, zugeben, daß auch Bundeskanzler Adenauer über Schäffers Mission informiert gewesen ist.«

meine Niederschrift – Kurt Gossweiler, Geheimmission des BRD-Vizekanzlers beim DDR-Vize-Verteidigungsminister 1955 und 1956, in: Die Taubenfuß-Chronik oder Die Chruschtschowiade 1953 bis 1964, Band II: 1957 bis 1976, München: Verlag zur Förderung der Wissenschaftlichen Weltanschauung 2004.

Kopie der Titelseite – Dem Brief beigelegt war die Kopie einer Druckfahne der Titelseite der »Taubenfuß-Chronik«, Band I, die mit handschriftlichen Korrekturen von Gossweiler versehen ist.

(34)

seine Erwiderung – siehe Anmerkung 2 zu Brief 29.

Imperialismuskonferenz – Von den Zeitschriften RotFuchs und offensiv gemeinsam veranstaltete Konferenz am 28. und 29. Oktober 2000 in Berlin; vgl. offen-siv (Hrsg.), Imperialismus und anti-imperialistische Kämpfe im 21. Jahrhundert, Hannover: offen-siv (Protokollband) 2001.

Diskussionsrede – Am 28. und 29. Oktober 2000 führten die beiden Zeitungen offen-siv, Hannover, und RotFuchs, Berlin, gemeinsam eine Konferenz durch; vgl. offen-siv (Hrsg.): Imperialismus und anti-imperialistische Kämpfe im 21. Jahrhundert, Hannover: offen-siv (Protokollband) 2001. Hier hielt Rolf Vellay einen vielbeachteten spontanen Redebeitrag zum Thema Produktivkraft-Entwicklung und kommunistische Politik. Später fasste er seine Thesen schriftlich zusammen und veröffentlichte sie unter dem Titel: Weg von der Klagemauer; in: offen-siv 4/2001, S. 22–27. Der Text wird hier in seinen wesentlichen Aussagen wiedergegeben:

»Ich denke, es wird nun langsam Zeit, weg zu kommen von der großen ›Klagemauer‹, an der unsere Aktivitäten hauptsächlich darin bestehen, dem Imperialismus seine Verbrechen vorzuwerfen und an der wir andererseits immer noch tränenverschleierten Auges zurückblicken auf unsere zerbrochene sozialistische Heimstatt.« – Die gegenwärtig ablaufende Zentralisierung des Kapitals erleichtere den Weg zum Sozialismus. Die historische Aufgabe des Kapitals sei die Entwicklung der Produktivkräfte. »Und das bedeutet nichts anderes als die Einsparung menschlicher Arbeitskraft! Letztlich beruht auf diesem Prozeß der Effektivierung des Einsatzes von Arbeitskraft der gesamte kulturelle Fortschritt der Menschheit!« – »Wir sollten endlich versuchen, die sogenannte ›Globalisierung‹ als einen historisch notwendigen und höchst fortschrittlichen Prozeß zu begreifen, so negativ und schmerzlich die Auswirkungen zum Teil für den Einzelnen, die Bewohner ganzer Völker oder sogar ganze Völker sind. Es ist sinnlos, durch den technischen Fortschritt überholte Strukturen unter Berufung auf soziale Belange [...] zu verteidigen. [...] Es ist auch nicht bekannt, daß sich Marx und Engels an die Spitze einer Demonstration von Postkutschenfahrern gesetzt hätten, die ihre Arbeitsplätze durch den Eisenbahnbau bedroht sahen!« – »Globalisierung bedeutet nichts anderes, als daß die Damen und Herren [...] uns die ökonomischen Strukturen hinstellen, die die Menschheit eines Tages für den Sozialismus braucht! Sollen wir sie dafür kritisieren, daß sie uns die Arbeit abnehmen? Darüber hinaus sind sie ja auch fleißig dabei, von der gesellschaftlichen Struktur her und damit politisch uns das Feld zu bereiten.« – Die Privatisierung der Post habe für eine deutliche Preissenkung im Post- und Telefonwesen gesorgt. In der weiteren Entwicklung würden in den in der Nachfolge der Gesamtpost gegründeten

Firmen mehr Arbeitsplätze entstehen als abgebaut wurden. – »Wenn die vom Publikum nachgefragten Dienstleistungen von weniger Beschäftigten erbracht werden können, dient das vordergründig der Profitmaximierung, letztlich aber uns allen.« – »Endlich weg von der großen ›Klagemauer‹, an der wir immer wieder nur aufs Neue die uns allen längst bekannten Abscheulichkeiten des Imperialismus anprangern und den Untergang unseres sozialistischen Gegenentwurfs beweinen. Stattdessen behende aufgesprungen auf den rasenden Zug kapitalistischer Modernisierung – wenn zunächst auch nur als Trittbrettfahrer, als blinde Passagiere, damit wir, inzwischen neu organisiert, da sind und die Führung übernehmen können, wenn das System seiner inneren [...] Gesetzlichkeit folgend aus sich heraus die Bedingungen produziert hat, unter denen die Herrschenden nicht mehr so weiter regieren können wie bisher und die Ausgebeuteten und Unterdrückten nicht mehr weiterleben wollen wie bis dahin ...«

Zur weiteren Auseinandersetzung vgl. Kurt Gossweiler, Der unsterbliche Frühsozialismus, in: André Thiele (Hrsg.), In den Trümmern ohne Gnade. Festschrift für Peter Hacks, Berlin: Eulenspiegel 2003, S. 211–226; Kurt Gossweiler, Abschied von Rolf Vellay; Vorwort zu Rolf Vellay. Sonderheft offen-siv, Heft 3/2002, sowie Peter Hacks, Auseinandersetzung an der Klagemauer; in: offen-siv, Heft 4/2001, S. 38f., sowie in: Marxistische Hinsichten, a.a.O., S. 358f.

(35)

Leserkonferenz – Erste Zentrale Leserkonferenz der Zeitschrift RotFuchs am 10. Februar 2001 in Berlin.

ich habe Steiniger ... vorgeschlagen – Auszüge aus der Korrespondenz von Peter Hacks mit Klaus Steiniger unter dem Titel »Wessen sollten wir uns rühmen, wenn nicht der DDR?« waren zuerst in RotFuchs 1/2001, S. 3, und folgend in offen-siv 6/2001, S. 34 f. erschienen, dann in einer erweiterten Auswahl 2005 im Sammelband »Am Ende verstehen sie es«. Im Sammelband »Marxistische Hinsichten« sind sie aufgrund ihres Briefcharakters nicht enthalten. Sie werden hier vollständig nach »Am Ende verstehen sie es«, S. 68–76 und 213–215, wiedergegeben.

»Wessen sollten wir uns rühmen, wenn nicht der DDR?«

Bei diesen Texten handelt es sich um Wortmeldungen von Peter Hacks in der Zeitschrift RotFuchs und in Briefen an deren Her-

ausgeber, Dr. Klaus Steiniger. Da diese Texte letztlich in den Anmerkungen zu den »11 Forderungen«* gipfeln, wurden sie insgesamt dem Jahr 2001 zugeordnet. Kürzungen wurden nur bei Anreden und entbehrlichen Nebensachen vorgenommen.
Die DKP-Ortsgruppe Berlin-Nordost hatte Ende 2000 mit ihrer Forderung nach einem kommunistischen Teilprogramm für Ostdeutschland eine lebhafte Diskussion angestoßen.
* [Diskussionsangebot aus Berlin Nord-Ost zur Stärkung der DKP: 11 Forderungen der Deutschen Kommunistischen Partei für Ostdeutschland]

1. Verbot der westimportierten Organisationen mit faschistischen Zielen und Nazi-Ideologie! Aburteilung und Enteignung ihrer Hintermänner und Geldgeber! Entlassung aller Richter, die Aufmärsche von Neonazis genehmigt haben! Konsequente Wiedereinführung der antifaschistischen Lehrinhalte an allen Schulen, Hochschulen und Universitäten!

2. Schluß mit der entwürdigenden Unterbezahlung der ostdeutschen Arbeiter und Angestellten als Vorbereitung des weiteren Sozialabbaus in den alten Bundesländern! Schluß mit den ungleichen Renten und dem Rentenstrafrecht! Gleichstellung jetzt!

3. Wiederaufbau einer modernen Industrie, die zu drastischer Reduzierung der Massenarbeitslosigkeit sowie der Abwanderung junger Fachkräfte und ihrer Familien führt! Bereitstellung der dazu erforderlichen staatlichen Investitionen, besonders für ökologische Aufgaben! Keine weiteren Betriebsschließungen!

4. Schaffung unangreifbarer juristischer Garantien für den Schutz von Bodenreformland und Entlastung der Bauern von sogenannten Altschulden! Schutz des nach DDR-Gesetzen rechtmäßig erworbenen Eigentums oder Überlassungsrechts an Grundstücken und Gebäuden! Effektive Förderung von Handwerk und Kleingewerbe!

5. Ausarbeitung und Realisierung eines Sonderarbeitsbeschaffungsprogramms für die zwangsweise aus dem Arbeitsprozeß gedrängten Frauen! Wiederherstellung der Bedingungen für gleiche Berufschancen!

6. Staatliche Garantien für Ausbildungs- und Arbeitsplätze für alle Jugendlichen! Rückkehr zu gleichen Bildungschancen für alle!

7. Wiedereinführung der unentgeltlichen medizinischen Betreuung sowie der kostenlosen Abgabe von Medikamenten! Schluß mit der kommerziell bedingten Limitierung von Leistungen des Gesundheitswesens!

8. Entlastung der Kommunen von Altschulden! Wiederherstellung zumutbarer Tarife für kommunale Dienstleistungen einschließlich Nahverkehr!

9. Ungehinderte Verbreitung der humanistischen DDR-Literatur und -Kunst in den Massenmedien! Rehabilitierung aller gemaßregelten Angehörigen der Intelligenz! Hände weg vom Palast der Republik! Schluß mit dem Abbau kultureller Einrichtungen!

10. Einstellung der Siegerjustiz! Rehabilitierung und Entschädigung der widerrechtlich verurteilten Hoheitsträger sowie der entrechteten Angehörigen aller bewaffneten Organe der DDR! Säuberung der Justiz von Richtern, die sich der Rechtsbeugung schuldig gemacht haben!

11. Juristische Verfolgung krimineller Einheitsgewinnler; Beschlagnahme früheren Volkseigentums, das auf ungesetzliche Weise in die Hände von Spekulanten geraten ist, und dessen Überführung in Kommunaleigentum!

Proletarier aller Länder, vereinigt euch!

WESSEN SOLLTEN WIR UNS RÜHMEN, WENN NICHT DER DDR?

8.4.1998 [...] Danke für Ihre Parteinahme für Gossweiler. Danke dafür, daß die Parteinahme unmißverständlich ist und daß sie dem Rang dieses außerordentlichen Mannes ausdrücklich gerecht wird. Eins seiner unendlichen Verdienste besteht darin, daß wir mit seinem Werk ein Kommunismuskriterium besitzen. Wenn, mit seiner Hilfe und mit ihm als Probstein, vor Ende des Jahrtausends noch Übereinkunft erzielt werden sollte, was Marxismus-Leninismus nach Ulbricht eigentlich ist: das wäre ein versöhnlicher Abschluß eines übrigens schmählichen und verdorbenen Zeitalters.

13.8.2000 [...] ich will zwei Wahrheiten nicht zurücknehmen: daß die DKP eine in der Wolle gefärbte eurokommunistische Partei sei, und daß jene Partei, deren Politbureau jeder kennt und die sich ziemlich unaufhaltsam anschickt hervorzutreten, keinen anderen Namen tragen dürfe als KPD [...]
Wenn im jetzigen Augenblick nicht ohne andere Rücksicht Theorie gemacht werden kann als auf die Richtigkeit, wann dann?

29.8.2000 Ich ersuche Sie, mir zu glauben: die Buchstaben KPD

müssen sein. Sie leiden, fleckenlos wie ein Brillant, keine Zusätze oder Modifikationen, die alle nur als Verunreinigungen erscheinen können.
NKPD enthält den schönen Druckfehler NKWD. Vor allem aber: Neo geht überhaupt nicht. Sind Sie ein Kommunist oder ein Neokommunist? Würden Sie sagen: Ich gebe Ihnen mein Wort als Kommunist oder: Ich gebe Ihnen mein Wort als Neokommunist? Das N der modischen Vorsilbe »Neo« ist heute einfach eine Abkürzung von: Nicht mehr.
Wenn ein Übergangsname à la Spartakus sich nötig macht, könnte man das Ding »Bund deutscher Kommunisten« oder »Kommunistische Wiedergeburt« taufen. Sollte schon das Wort Kommunisten verboten sein, bliebe »Deutscher Arbeiterbund«. Nicht unedel fände ich persönlich: »Gesellschaft zum Studium des Klassenkampfs e.V.«.
[...] Es trifft nicht zu, daß die Nazis die »Hauptstützen« des Finanzkapitals seien. Die andere, mindestens ebenso wichtige Stütze sind die Sozialdemokraten. Wenn Sie das nicht anders gesagt haben, was dann haben Sie gesagt? Ich denke, Schröder, Clement, Müntefering, Riester sind die rechtesten Politiker in Deutschland, um Kilometer rechts von Stoiber.

9.12.2000 [...] Es geht um die Ausmittelung einer Liste nicht abgedroschner antiimperialistischer Argumente, die selbst in diesem verworrenen Weltzustand noch Beifall und Zulauf bewirken könnten. Das Problem aller gegenwärtigen Propaganda ist, daß man dem Imperialismus, der mehr Grund zu Vorwürfen bietet als jede Gesellschaftsform sonst, gar nichts vorwerfen kann: weil ihm gelungen ist, den Leuten alle Kriterien für recht und unrecht, wahr und falsch, schön und häßlich aus den Hirnen zu waschen. Nichts gilt mehr, und wie argumentieren, wo nichts gilt? Das Waschmittel ist der Positivismus, die Wäscherei das Fernsehen.
Es gibt Ausbeutung, es gibt Elend, es gibt Arbeitslosigkeit, es gibt Verweigerung von Gesundheit, es gibt Mietwucher, es gibt Bureaukratie, es gibt die Gewohnheit der öffentlichen Lüge, es gibt Krieg. Alle wissen es, keiner bezweifelts, und keinen störts. Jeder sagt: na wenn? oder, wenn er tief denkt: es kann ja doch nicht anders sein.
Es bleibt selbstverständlich nötig, mit Sorgfalt und Geduld unsere wissenschaftliche Kapitalismuskritik anhand aller Phänomene der Jetztzeit vorzutragen. Das hat seinen Nutzen; es wird sicher ein paar Anhänger herbeilocken, vielleicht sogar die wichtigeren.

Aber wonach ich suche, sind Themen, die zu erwähnen, also zu vernichten, dem Imperialismus und seinem Mediengesindel noch nicht eingefallen ist: unerwartete Themen, die durch Naivität das allgemeine Nullbewußtsein unterlaufen oder durch Weisheit übersteigen. Wir müßten unbedingt von was reden, wovon nicht alle reden. Ich suche natürlich ziemlich vergeblich und wollte Ihnen nur erzählen, was mich so beschäftigt.*

* Undatierte handschriftliche Notizen zum Brief vom 9.12.2000:

Ideen zu Themen:
Man muß trachten zu denken, als habe man nie eine Zeitung gelesen oder eine Parlamentsrede gehört. Man muß die Bande überraschen. – Es geht nicht um Tricks. Es geht nicht um die Wahrheit. Es geht um die Wahrheit als Trick. Solche Wahrheiten:

1. daß die BRD nicht von Polizisten und nicht von Managern beherrscht wird, sondern von den großen Eigentümern (was, obwohl es nie einer erwähnt, übrigens kein Westmensch bezweifelt)
2. daß die DDR sämtliche Sorgen, die die BRD hat, nicht hatte (was, obwohl es nie einer erwähnt, übrigens kein Ostmensch bezweifelt)

neue Griffe also: ad 1 gezielte Attacken gegen einzelne Kapitalisten; diese namentlich und persönlich für den Imp[erialismus] verantwortlich machen: niemals Manager
oder Polizisten; ad 2 gezielte Nachrichten betreffend die Überlegenheit der DDR.

Möglichkeit eine Plakat- oder Internet-Serie aus anerkannten Mißständen (jeweils immer einem); zu denen immer Kommentar: »Unter Kapitalisten (jeweils immer einem) gab es das. Unter Ulbricht (SED/Pieck) gab es das nicht«. Ein Kapitalist pro Plage.
Muster: a) Unter Alwin Zippel – Gummibärchen, Sex toys, U-Boote – gibt es AIDS. Unter der SED gab es AIDS nicht. b) Unter Dr. A. Blubbenkopp – Waschmittel, Heroin, Handies – gibt es Obdachlose. Unter der SED gab es keine Obdachlosen.

27.12.2000 [...] Das, worum es Ihnen geht, ist natürlich die ewige Frage der Taktik. Man kann 1. taktisch geschickt sein, man kann 2. taktisch ungeschickt sein, und man kann 3. taktisch so geschickt sein, daß man all sein bißchen Wasser auf die Mühlen des Feindes leitet. Es gibt eine Arroganz der Sektierer, es gibt eine Arroganz der Taktierer. Es gibt keine formulierbare Maxime für richtige Taktik. Es gibt nur einzelne Lagen und richtiges Handeln in ihnen, das zum Erfolg führt.

Für die konkrete Situation halte ich, daß weder die PDS noch die DKP zu retten sind. Es haben sich viele linke Parteien in rechte verwandelt, aber noch niemals eine rechte in eine linke. Die revisionistische Führung, die in beiden Parteien institutionalisiert ist, ist impermeabel und geht nicht zu stürzen.

In beiden Parteien gibt es kommunistische Mitglieder. Die Mitglieder kann man gewinnen, die Parteien sind nicht mehr zu haben.

Es gibt, glaube ich, in Westdeutschland weniger Kommunisten als in der DDR, deren Bewohner von der SED erzogen sind. Unter den Autonomen oder den »konkret«-Lesern gibt es keine Linken. Männer wie Holz oder Flegel sind seltene Männer.

Es gibt, andererseits, keinerlei Antikommunismus in der DDR. Es hat nicht einmal 1990 Antikommunismus in der DDR gegeben. Die Zeitungsleser stehen links von den Zeitungen, die Mitglieder der Parteien stehen links von den Parteien. Das Volk steht links von dem, was es so schwatzt. Die Nichtwähler in der DDR, vermute ich, wählen die DDR. Es gibt keinen aktuellen Grund, zwischen der BRD und der DDR einen Gegensatz aufzureißen, aber der Kern einer Organisation deutscher Kommunisten wurzelt in der DDR und in ihrer Hauptstadt.

Vielleicht bedeutet richtiges Handeln in dieser einzelnen Lage, daß man alle vorhandenen Parteien spaltet und eine kommunistische Partei gründet.

Der Mensch als Publikum liebt nicht das Plötzliche. Zartgefühl ist besser als Grobheit, und warum soll man den Revisionisten nicht auf gütige Weise sagen, daß sie gehängt werden müssen. Es ist zweifellos falsch, mögliche Anhänger abzuschrecken oder unnötig zu verstimmen. Aber immer zu lügen oder die Dinge nie auf den Begriff zu bringen, kann der wirklich gute Ton auch nicht sein.

Wahrscheinlich ist das der Sinn meiner zu vielen Worte: daß nicht der unbedingt der feinere Kopf ist, der unterläßt, Stalin zu erwähnen. [...]

28.12.2000 [...] die Liebknecht-Luxemburg-Demonstration hat einen Fehler: sie folgt so kurz auf Neujahr, daß einer, der mit ihr als mit einer Sache des kommenden Jahres rechnet, sie, wenn das Jahr gekommen ist, schon so gut wie verpaßt hat. Mir ist ein Mal gelungen, das Gedicht »Gedenkstätte der Sozialisten« rechtzeitig im

Januarheft von »konkret« unterzubringen, weil ich es bereits ein volles Jahr früher verfaßt hatte.
Auf dieselbe Art verspätet, erzähle ich Ihnen nun von dem Gysi-Mörder Staps.
Ich weiß schon seit dem Januar 2000, daß der Name Staps, den Sie (wie auch ich selber) zunächst für den Namen einer nichtexistenten Person gehalten hatten, der Name eines Attentäters war, der 1809 zu Schönbrunn bei Wien im Auftrag des Tugendbunds versuchte, den Napoleon zu erdolchen. Napoleon wollte ihn begnadigen, aber er bestand auf seiner Hinrichtung. Ich war also der Meinung, der Einfall, den Namen eines Napoleon-Mörders als Pseudonym für einen angeblichen Gysi-Mörder zu brauchen, sei ein gebildeter Witz und gut erfunden. Dann stellte ich leider fest, daß der Gysi-Mörder im Berliner Telephonbuch steht. Der Mann ist offenbar echt und der gute Witz ein purer Zufall.
Dennoch bliebe der Stoff von den beiden bedrohten und knapp mit heiler Haut davongekommenen Kaisern nebst ihrem Schreckensmann Staps ein netter Gegenstand einer Glosse. Ich bin zur Zeit der Mensch in Deutschland, der alles über den seligen Staps weiß, was zu wissen geht, aber ich habe wieder die Frist verpaßt, und für 2001 haben wir wohl keine Gelegenheit mehr, diese drollige Information loszuwerden.
Auch den Zeitpunkt, auf die »11 Forderungen« einzugehen, habe ich vertrödelt. Glücklicherweise behandeln Sie diese Sache in der großen Ruhe, die sie verdient.
Ich hatte die »Forderungen« für richtig, aber nicht besonders wichtig angesehen; sie schienen mir fast ein bißchen bieder. Inzwischen bemerke ich, daß diese Thesen Ihre Weise waren, meinem Nachdenken über ein propagandistisches Feld, das nicht längst dem Imperialismus gehört, zuvorzukommen. Aber wessen sollten wir uns rühmen, wenn nicht der DDR? Die Klarheit eines Glases klaren Wassers, sagt Goethe, braucht man nicht zu beweisen, man hält es nur einfach hin.
Also habe ich angefangen, die »Forderungen« ernst zu nehmen. Ich habe zur Gegenprobe eine eigene Liste der Hauptvorzüge unseres Vaterlandes aufgestellt und danach mit denselben verglichen, und ich fand meine Liste vollinhaltlich in Ihrer berücksichtigt. (Sie erwähnen nicht die Frage der Monopole und nicht die Frage der Macht. Beide Fragen sind verfrüht, und es ist richtig, sie unerwähnt zu lassen.)
Ich habe hier nicht mehr zu tun, als Ihnen Ihre alte Liste wiederzuschicken, mit meinem Senf dazu, inhaltlichen Beiträgen, Vorschlägen, Zusätzen, wie sie mir beim Lesen eingefallen sind. Alles

ganz kunstlos, will sagen: vorbehaltlich der Schlußredaktion.
Anbei, für Ihre Diskussion, die Liste.
»11« ist eine ganz ausgezeichnete Zahl. Ich habe Sorge, daß sie sich nicht wird halten lassen.

Anmerkungen zu »11 Forderungen«

Präambel »Geschmähte Kultur« ändern in: »verleumdete Kultur«

1 Ein Donner für den Anfang, und eben auch ein Theaterdonner. Ich schlage vor zu kürzen: »Verbot von Kriegs- und Nazipropaganda. Konsequente Wiedereinführung ... Universitäten«.

2 Statt »Gleichstellung jetzt«: »Recht auf Arbeit statt Recht auf Sozialalmosen«

3 Zweiter Abschnitt läßt sich streichen.

3a (neu) »Ende der Bedrohung der Umwelt durch Zersiedelung mit überflüssigen Gewerben. Wiederherstellung der Ökologie als öffentliche Aufgabe, nicht als privates Geschäft«

3b (neu) »Nachzahlung der bei der ›Währungsreform‹ enteigneten 50% der Geldvermögen. Rückerstattung der enteigneten Vermögen der demokratischen Parteien«

4 Soll bleiben

5 Zusatz: »Keine Steuervorteile für nichtarbeitende Hausfrauen«

6 Soll bleiben

7 Soll bleiben
8 Böte eventuell noch Platz für Kritik des Beamtenunwesens.

9 Kürzen: »Ungehinderte Verbreitung der humanistischen und realistischen DDR-Literatur und -Kunst. Schluß mit der Zerschlagung der kulturellen Einrichtungen«

9a (neu) »Freiheit der Medien für Kunst und Philosophie der Aufklärung und des Sozialismus«

9b (neu) »Unfreiheit der Medien für Unmenschlichkeit, Verbrechen, Aberglauben«

9c (neu) »Wiedereinrichtung des DDR-Sportwesens«
10 Mir würde ein Satz genügen: »Rechtssicherheit für Kommunisten«.

11 Vielleicht so: »Wiederherstellung des Volkseigentums. Rücknahme zerstörerischer Privatisierungen und Überführung von Spekulationsgewinnen in Kommunal-, Länder- oder Bundeseigentum.«

28.9.2001 [...] Betreffend Ihre feinsinnige Umfrage: ich habe mein Wort für diese Sache, Al Nakba, und wenn es ein Fremdwort ist, dann ein ganz besonders gut sitzendes. Aber Sie haben übersehen, daß die Nation längst ihren umgangssprachlichen Begriff besitzt und benutzt: Der Anschluß. Es ist sicher nicht falsch, ihn zu popularisieren und offiziell in Umlauf zu setzen.
Wissenschaftlich wieder wird in den meisten Zusammenhängen von Die Abtretung zu reden sein. Die Sprache ist ein wichtiges Schlachtfeld im Klassenkampf. [...]

29.12.2001 [An Rotfuchs]
Der Bundesvorstand der FDJ macht uns mit Ringo Ehlert bekannt, einem hoffnungsvollen jungen Menschen und Freund der Wahrheit, der zur geschichtlichen Bestimmung der Bundeswehr Einsichten vorträgt, wie sie vernünftiger und einfacher sich nicht sagen lassen. Rotfuchs, denke ich, sollte sich diesen Einsichten anschließen und bei ihrer Verbreitung mittun.

27.12.2002 [...] massenhafte Verneinungen des Imperialismus, wie sie die Erdballgegner von Attac, die Generalstreikler in Italien und die Bambuler von Hamburg oder drei völlig unglaubhafte südamerikanische Präsidenten darbieten, beweisen, wie sehr im Irrtum die waren, die vor zehn Jahren ein Ende allen marxistischen Handelns und Denkens vorhersagten, aus keinem besseren Grund als dem, daß das damals eben aus der Mode gesetzt worden war.
Natürlich gibt es noch kaum wissenschaftlichen Sozialismus, aber es gibt bereits wieder eine große Aufnahmefähigkeit für Erklärungen der Gesellschaft. Wenige kämpfen, aber eine nicht kleine Schar erwägt, aus dem Fatalismus und der Passivität herauszutreten. Dabei hat die Welt eben gerade eine zweitklassige Wirtschaftskrise und noch nicht einmal den zweiten Golfkrieg durchgemacht. [...]

Gysi-Mörder Staps – Olaf Jürgen Staps, ein ausgetretenes Mitglied der Partei der Grünen, hatte zum Jahresbeginn 2000 gedroht, Mitglieder des PDS-Vorstandes, falls sie sich aus Anlaß der traditionellen Luxemburg-Liebknecht-Gedenkveranstaltung am 9. Januar dem Berliner Grab der 1919 ermordeten Arbeiterführer zwecks Ablegung von Nelken sehen ließen, zu erschießen. Daraufhin verbot die Polizei, im Einvernehmen mit der Demonstrationsleitung, die Veranstaltung. Hacks vergleicht diesen radikalisierten Kleinbürger mit Friedrich Stapß (auch: Staps, Stapss), der am 12. Oktober 1809 in Schönbrunn ein Attentat auf Napoleon I. versuchte, um den Friedensschluß mit Österreich zu verhindern. Hacks hatte im Zuge seiner Romantik-Forschungen 1999 ausführliche Spezialstudien zu Stapß betrieben.
Al Nakba – [arab.] Katastrophe, Verheerung. Meint die »Katastrophe« des UN-Teilungsbeschlusses für Palästina und Israel von 1948.
Ringo Ehlert – Verweigerte 2002 mit der Begründung, als DDR-Bürger nur zum Dienst in der NVA bereit zu sein, den Wehrdienst in der Bundeswehr total, also auch den Zivildienst, und wurde zur »Disziplinierung« für 49 Tage in die Arrestzelle der Ferdinand-von-Schill-Kaserne in Torgelow eingesperrt. Vgl. hierzu: Kurt Gossweiler, Der unsterbliche Frühsozialismus; in: André Thiele (Hrsg.), In den Trümmern ohne Gnade. Festschrift für Peter Hacks, Berlin: Eulenspiegel 2003, S. 211–226.

Alexandra Marinina – alias Marina Alexejeva (*16. Juli 1957, Lwow), Juristin, Oberstleutnant der Moskauer Miliz bis 1998, seither freie Schriftstellerin. Ihre Serienheldin ist die Moskauer Kriminalistin Anastasija Kamenskaja.

ein Werk von Egon Krenz – Peter Hacks, »Egon Krenz – Herbst 89«. An Stelle einer Rezension, in: konkret 04/2001, S. 50–53, sowie in: Marxistische Hinsichten, a.a.O., S. 344–357. Vgl. Egon Krenz, Herbst 89, Berlin: Neues Leben 1999.

Rüdiger Bernhardt – siehe Anmerkung 3 zu Brief 33.

Joseph hört auf ihn – Im Januar 2001 war der populäre Rebellenführer, Lumumba-Anhänger und seit 1997 amtierende Präsident der Demokratischen Republik Kongo Laurent Kabila einem Attentat zum Opfer gefallen. Sein Sohn Joseph Kabila, von 2001 bis 2019 Präsident der Demokratischen Republik Kongo, setzte Laurent Kabilas Regierungskonzept der »Pouvoir Populaire« (Volksmacht) nicht fort und brachte im Laufe seiner Regierungszeit das Land in zunehmende Abhängigkeit von den USA und der EU.

(36)

Entgegnung zur »Klagemauer« – siehe Anmerkung 3 zu Brief 34.

Herrn Fernholz … einen Knoten – Karl-Heinz Fernholz ist ein politischer Aktivist und Unterstützer des Rotfuchs aus Koblenz. Knote oder Knoten war im 18. und 19. Jahrhundert gebräuchlich für einen plumpen, derben Menschen, ursprünglich jedoch auch niederdeutsch für „Genosse".

(37)

Tagebüchern – Georgi Dimitroff, Tagebücher 1933–1943, Berlin: Aufbau-Verlag 2000.

Brief … an Klaus und Bruni Steiniger – Dem Brief war der folgend vollständig wiedergegebene Brief an Klaus und Bruni Steiniger als Kopie beigelegt.

Berlin-Grünau, d. 5.1.01

Lieber Klaus, liebe Bruni,

zusammen mit meinen Betrachtungen zum Jahrhundertwechsel meine besten Wünsche zum neuen Jahr für Euch persönlich, für den Rotfuchs und für die Gruppe Nord-Ost.

Ich hoffe, das Jahr 2001 wird die kommunistische Bewegung auf dem Wege zum Jahrhundertziel wenigstens ein kleines Stückchen vorankommen sehen.

Aber ich habe da erhebliche Sorgen, auch was die Gruppe Nord-Ost betrifft. Daß ich mich Euch in ganz besonderer Weise verbunden fühle, wisst Ihr. Nachdem ich vergeblich darauf gewartet habe, daß André Brie oder ein anderer einen neuen Anlauf nimmt, mich aus der PDS auszuschließen, werde ich in diesem Jahr aus einem geeigneten Anlass und zu einem geeigneten Zeitpunkt selbst die Trennung vornehmen müssen. Und was dann? Parteilos bleiben? Ja, was anderes bleibt mir zur Zeit nicht übrig. In die DKP eintreten, um dann auch in dieser Partei den Stalinismus-Stempel aufgedrückt zu bekommen? Ja, wenn die gesamte DKP den ideologischen Stand der Gruppe Nord-Ost hätte, gäbe es kein Zögern. Ich schätze und unterstütze auch die Arbeit von Kommunisten in anderen Organisationen, wie dem »Arbeiterbund« und der 1990 in Berlin wiedergegründeten KPD, aber organisieren würde ich mich, wenn überhaupt, dann bei Euch.

Weil das so ist, deshalb mache ich mir in letzter Zeit Sorgen über Nord-Ost. Mich bewegt die Frage, ob Nord-Ost die richtige Sache in der richtigen Weise verficht. Wie meine ich das?

Die Gruppe Nord-Ost als eine konsequent marxistisch-leninistische

Einheit innerhalb einer Partei, die sich auch zum Marxismus-Leninismus bekennt, aber deren Ideologie und Praxis nicht frei ist von reformistischen Zügen, hat zwei Möglichkeiten:
Erstens: Entweder sie betrachtet sich selbst als eine bolschewistische Gruppe innerhalb einer unrettbar menschewistischen Partei. Dann muß sie auf die Trennung von dieser Partei und die Ausbildung der eigenen Gruppe zum Kristallisationskern einer gesamtnationalen bolschewistischen Partei hinarbeiten. Dann muß der Umgang mit der Parteiführung auf Konfrontation bis zum Bruch hin gerichtet sein. Oder
Zweitens: Sie betrachtet die Gesamtpartei als eine kommunistische Partei, die einerseits ihre Treue zum revolutionären Erbe unter Beweis gestellt hat durch die Abwehr der Versuche der liquidatorischen Erneuerer, sie, wie die italienische und die französische KP, nach dem Sieg der Konterrevolution durch die Absage an und den völligen Bruch mit dem Marxismus-Leninismus in eine reformistische Partei umzuwandeln; die andererseits aber sich noch nicht völlig befreit hat von Resten des allen europäischen kommunistischen Parteien gemeinsamen revisionistischen Erbes aus der zweiten Hälfte des vorigen Jahrhunderts. Dann muß die Gruppe ihre Aufgabe darin sehen, die Einheit der Partei zu festigen, indem sie innerhalb der Partei, gestützt auf die Mitglieder, die konsequent am marxistisch-leninistischen Charakter der Partei festhalten, darum kämpft, in einer genossenschaftlichen Diskussion – soweit es sich nicht um offenkundige Feinde handelt – mit den Trägern der opportunistischen Anschauungen die Mehrheit der Mitglieder für die Ablehnung dieser opportunistischen und revisionistischen Auffassungen zu gewinnen und auf diese Weise die Partei wieder zu einer wirklich marxistisch-leninistischen Partei zu machen.
Ihr mögt jetzt denken: Was hält er uns da für eine überflüssige Lektion, das wissen wir doch alles selbst!
Warum ich dies sage, hat seinen Grund darin, daß die Art und Weise, wie Ihr die 11 Forderungen in die Öffentlichkeit gebracht habt, dafür spricht, daß Ihr die Rolle der Gruppe Nord-Ost als das seht, wie ich unter »Erstens« geschildert habe. So konnte und durfte man nur vorgehen, wenn man nicht die *Beratung* mit der Parteiführung über diese Forderungen wollte, um sie zur Grundlage für Forderungen der Gesamtpartei zu machen, sondern die *Konfrontation* mit ihr wegen dieser Forderungen.
Diese Konfrontation kann man aber nur wollen, wenn man auf die Trennung hinarbeitet. Auf die Trennung darf man aber nur hinarbeiten, wenn wenigstens eine minimale Chance besteht, daß Nord-

Ost nach der Trennung von der DKP nicht eine neue kommunistische Splittergruppe neben all den bereits bestehenden wird, sondern tatsächlich der Kristallisationspunkt für eine gesamtnationale bolschewistische, marxistisch-leninistische Partei. Diese Chance sehe ich nicht, jedenfalls *jetzt* noch nicht, nicht einmal im kleinen Rahmen von Berlin. Ich sehe aber auch – noch! – nicht die Notwendigkeit, auf eine Trennung hinzuarbeiten. Ich wünschte, wir wären uns darin einig, daß die Tugend des Revolutionärs in Zeiten wie den jetzigen Geduld und langer Atem ist. Was jetzt herausgekommen ist, fürchte ich, ist, daß es der PV leichter hat, die Gruppe Nord-Ost zu isolieren. Es sollte mich freuen, wenn ich mich damit irre.
Liebe Bruni, lieber Klaus, ich habe lange mit mir gekämpft, ob es richtig ist, Euch diesen Brief zu schreiben. Aber wie soll ich weiter an Euren Versammlungen teilnehmen, wenn ich solche unausgesprochenen Sorgen mit mir herumtrage?
Nochmals alles Gute für das Jahr 2001 und herzliche Grüße, auch im Namen von Edith.

Euer Genosse

Herr Schütrumpf – Der DDR-Historiker Jörn Schütrumpf war nach 1990 unter anderem Redakteur bei UTOPIE kreativ und Das Blättchen, von 2003 bis 2017 Geschäftsführer des Karl-Dietz-Verlages sowie langjähriger Mitarbeiter der Rosa-Luxemburg-Stiftung.

am 4. November – Gossweiler bezieht sich auf die am 4. November 1989 von Berliner Künstlern auf dem Alexanderplatz in Berlin veranstaltete Demonstration für Artikel 27 und 28 der DDR-Verfassung, in denen das Recht aller DDR-Bürger auf freie Meinungsäußerung und friedliche Versammlung festgeschrieben war.

Der »Europäische Gerichtshof« hat sein Urteil gefällt – Der Europäische Gerichtshof für Menschenrechte hatte am 22. März 2001 Beschwerden unter anderem von Egon Krenz, Heinz Keßler und Fritz Streletz gegen ihre Verurteilung durch bundesdeutsche Gerichte als Totschläger in mittelbarer Täterschaft einstimmig abgewiesen. Das Urteil legitimiert die bundesdeutsche Rechtsprechung gegen die Beschwerdeführer und andere Funktionsträger der DDR als nicht gegen die Konvention zum Schutze der Menschenrechte und Grundfreiheiten verstoßend.

Czichon/Marohns »Geschenk« – Eberhard Czichon/Heinz Marohn, Das Geschenk. Die DDR im Perestroika-Ausverkauf, Köln: PapyRossa Verlag 1999.

(38)

Budu Swanidse – Unter diesem Namen eines angeblichen Neffen von Stalin veröffentlichte der ehemalige sowjetische Diplomat und Überläufer Grigori Bessedowski in den 1950er Jahren zahlreiche antisowjetische Tratsch-, Tatsachen- und Enthüllungs-Bücher wie das im Brief erwähnte. Sosso ist ein familiärer Spitzname von Stalin.

(39)

Lehrbuches über die Romantik – Peter Hacks, Zur Romantik, Hamburg: konkret Literatur Verlag 2000, sowie in: HW 14, S. 5–107.

Das erste Geschoß – Kurt Gossweiler, In der Logik des VII. Weltkongresses – Was Georgi Dimitroffs Tagebücher offenbaren, in: Rotfuchs 5/01, S. 5.

die Serie als Ganzes – Kurt Gossweiler, Die Ursprünge des modernen Revisionismus oder: Wie der Browderismus nach Europa verpflanzt wurde. Gedanken beim Lesen der Tagebücher Georgi Dimitroffs; in: offen-siv, Heft 10/2003, sowie in: Wie konnte das geschehen? Band I: Beiträge zur Faschismus- und zur Revisionismusanalyse, hrsg. von der Kommunistischen Partei Deutschlands und offen-siv, 2017, S. 183–281.

Ihre Widmung! – Diese lautet: »Für Kurt Gossweiler von seinem gehorsamen Schüler Peter Hacks (27 IV 2001)«; vgl. die Anekdote »Schüler« in: Pasiphaë (Hrsg.), Was ist das hier? 130 Anekdoten über Peter Hacks und dreizehn anderweitige, Berlin: Eulenspiegel Verlag 2003, S. 78.

(40)

Stalins Begründung für die Auflösung der Internationale – Hacks bezieht sich vermutlich auf Auszüge aus Georgi Dimitroffs Tagebüchern, worin zum Beispiel unter dem Datum 29.5.1943 (a.a.O., S. 700f.) folgendes notiert ist:

> *Stalin* gab dem Moskauer Korrespondenten der englischen Nachrichtenagentur *Reuter – King* – gestern eine schriftliche Antwort auf seine Frage nach der Auflösung der Komintern.
> »Ich wurde von Ihnen gebeten, eine die Auflösung der Kommunistischen Internationale betreffende Frage zu beantworten. Hiermit übersende ich Ihnen meine Antwort.
> Frage: Die britischen Kommentare zu dem Beschluß über die Liquidierung der Komintern waren sehr günstig. Welches ist der sowjetische Standpunkt in dieser Frage und deren Einfluß auf die Zukunft der internationalen Beziehungen?

Antwort: Die Auflösung der Kommunistischen Internationale ist richtig und an der Zeit, da sie die Organisierung des gemeinsamen Angriffs aller freiheitsliebenden Nationen gegen den gemeinsamen Feind – den Hitlerfaschismus – erleichtert.

Die Auflösung der Kommunistischen Internationale ist richtig, denn:

a) Sie entlarvt die Lüge der Hitlerleute, daß ›Moskau‹ angeblich beabsichtige, sich in das Leben anderer Staaten einzumischen und sie zu ›bolschewisieren‹. Dieser Verleumdung wird nunmehr ein Ende gemacht.

b) Sie entlarvt die Verleumdung seitens der Gegner des Kommunismus in der Arbeiterbewegung, daß die kommunistischen Parteien der verschiedenen Länder angeblich nicht im Interesse ihres eigenen Volkes, sondern auf Befehl von außen handelten. Dieser Verleumdung wird nun ebenfalls ein Ende gemacht.

c) Sie erleichtert die Arbeit der Patrioten der freiheitsliebenden Länder zur Vereinigung der progressiven Kräfte ihrer Länder – unabhängig von deren Parteizugehörigkeit und religiöser Überzeugung – zu einem einheitlichen nationalen Freiheitslager zwecks Entfaltung des Kampfes gegen den Faschismus.

d) Sie erleichtert die Arbeit der Patrioten aller Länder zur Vereinigung aller freiheitsliebenden Völker zu einem einheitlichen internationalen Lager für den Kampf gegen die Gefahr der Weltherrschaft des Hitlerfaschismus und macht dadurch den Weg frei für die zukünftige Organisierung des Freundschaftsbundes der Völker auf der Grundlage ihrer Gleichberechtigung.

Ich glaube, daß alle diese Umstände zusammengenommen dahin führen werden, daß sich die Einheitsfront der Verbündeten und der übrigen vereinigten Nationen in ihrem Kampf für den Sieg über die Hitlertyrannei weiter festigen wird.

Ich bin der Auffassung, daß die Auflösung der Kommunistischen Internationale durchaus zeitgemäß ist, da gerade jetzt, wo die faschistische Bestie ihre letzten Kräfte anspannt, der gemeinsame Angriff der freiheitsliebenden Länder organisiert werden muß, um dieser Bestie den Garaus zu machen und die Völker vom faschistischen Joch zu erlösen.

Hochachtungsvoll

J[ossif] S[talin]«

(41)

DKP-Gründungsparteitag – In der Anlage dieses Briefes befand sich neben Kopien der Referate einiger Redner vom Essener Parteitag der DKP von 1969 ein Blatt mit Notizen von Hacks zur Einschätzung dieser Referate und einiger Diskussionsbeiträge. Die Notiz lautet:

DKP Parteitag

- Referat Bachmann. Schuld an allem ist Monopolkapital, dem Grenzen gesetzt sind nur durch soz. Länder und westl. Demokraten. Will DDR besiegen, KPD verbieten, Atomwaffen. Friedenskampf und Kampf um Mitbestimmung ist Klassenkampf. Ist »revolutionär« unter den heutigen Bedingungen, welche durch diesen Kampf verbessert werden. »Unterstützung einer demokratischen Regierungskoalition«. »Demokratische Opposition«. Feige Zustimmung zur Niederschlagung der tschech. Konterrevolution. China tut nicht gut.
- Gerns für Programmkommission. Frieden vor Soziales. Für den Leitbegriff »Demokratische Erneuerung«.
- Referat Noetzel zum Statut. Partei soll rev. marxistisch bleiben, Bewußtsein erzeugen und antianarchistisch.
- Ein Gewerkschafter gegen anarchistische Studenten. 1 für Bündnis mit Bauern. 1 für Bündnis mit Gemeinden vs. Staat. 1 für mit Christen.
- Steigerwald noch einmal über CSSR und China.
- Beschluß Grundsatzerklärung und Statut.

(42)

Thieles Aufsatz – Thiele hatte Gossweiler eine längere Arbeit zu dem Berliner Aufklärer Saul Ascher (1767–1822) geschickt, die als Fortführung der Forschungsarbeit von Peter Hacks zu diesem Mann entstanden war.

diese Sache mit Herrn Häber – Herbert Häber (*15. November 1930 in Zwickau, †10. April 2020 in Berlin), seit 1946 Mitglied der SED und seit 1966 stellvertretender Staatssekretär für gesamtdeutsche bzw. westdeutsche Fragen, war von 1973 bis 1985 Leiter der Westabteilung bzw. der Abteilung Internationale Politik und Wirtschaft beim ZK der SED. Ab 1973 intensivierte Häber gegen parteiinterne Kritik, jedoch mit ausdrücklicher Rückendeckung Erich Honeckers persönliche und offizielle Kontakte zu zunehmend hochrangigen westdeutschen Politikern aus SPD und CDU und trat schließlich in den 1980er Jahren offen für eine »Koalition der Vernunft« zwischen beiden deutschen Staaten im Geiste des »historischen Kompromisses« Enrique Berlinguers auf. Im Zuge der wesentlich Häber obliegenden Vorbereitung eines Staatsbesuchs Erich Honeckers in der BRD in den Jahren 1984/85 kam es auch aufgrund deutschlandpolitischen Widersprüchen zwischen der DDR und der Sowjetunion zum Bruch und schließlich 1985 zum Rücktritt Häbers. Siehe Jürgen Nitz, Unterhändler zwischen Berlin und Bonn. Nach dem Häber-Prozeß: Zur Geschichte der deutsch-deutschen Geheimdiplomatie in den 80er Jahren, Berlin: edition ost 1995.

Kaul – Friedrich Karl Kaul (*21. Juni 1906, Posen; †16. April 1981, Berlin) war ein Rechtsanwalt, Schriftsteller und Fernseh-Justiziar in der DDR, dessen gesamtberliner Anwaltszulassung ihm unter anderem ermöglichte, auch in Westdeutschland in zahlreichen politischen Prozessen tätig zu werden. So trat er im KPD-Verbotsprozeß als Verteidiger der KPD und im Auschwitz-Prozeß als Vertreter der Nebenkläger auf. Als Rechtsanwalt wie als Publizist enthüllte er zahlreiche westdeutsche Altnazi-Seilschaften und setzte sich etwa für die Verurteilung des Mörders Ernst Thälmanns ein. Bis 1970 war Kaul mit Hacks befreundet, vertrat ihn auch anwaltlich, z.B. in dem Prozess in Sachen »Moritz Tassow« gegen die Volksbühne.

Vogel – Wolfgang Vogel (*30. Oktober 1925, Wilhelmsthal; †21. August 2008, Schliersee) war ein Rechtsanwalt in der DDR, der unter anderem als Beauftragter für die Lösung humanitärer Probleme im Ost-West-Konflikt Agentenaustausche, Familienzusammenführungen und Häftlingsüberstellungen organisierte. Zur Konfrontation mit Kaul vgl. Annette Rosskopf, Friedrich Karl Kaul. Anwalt im geteilten Deutschland (1906–1981), Berlin: Arno Spitz Verlag (Diss. jur.) 2002, S. 180 ff.

Ihr Anti-Köhler ... Czichonaffäre – In konkret 10/95 war auf S. 6 ein Leserbrief von Kurt Gossweiler abgedruckt, enthaltend kritische Anmerkungen zu Otto Köhlers Beitrag Fußnote 63 – Warum die Stasi die Freiheit der Wissenschaft in der DDR zugunsten des Aufsichtsrats von Auschwitz, Hermann Josef Abs, unterdrückte und wie die Deutsche Bank heute ihre Erfolgsgeschichte schreiben läßt, in: konkret 8/95, S. 29–31. Köhler hatte unter anderem behauptet, »die Stasi« hätte eine effektive Verteidigung Eberhard Czichons im 1970 von der Deutschen Bank gegen dessen Publikation Der Bankier und die Macht. Hermann Josef Abs in der deutschen Politik (Köln: Pahl-Rugenstein Verlag 1970) angestrengten Prozess hintertrieben. Gossweiler widersprach Köhlers Darstellung in mehreren Punkten und verwies unter anderem darauf, daß die 1945 von der Roten Armee beschlagnahmten Akten der Deutschen Bank nicht von Eberhard Czichon entdeckt worden waren, wie Köhler kolportierte, sondern schon seit langem von verschiedenen Historikern genutzt wurden. Gossweiler geht dabei jedoch nicht auf die im Zuge der Absetzung Ulbrichts veränderte Deutschlandpolitik der DDR-Regierung und ihre Auswirkungen auf die Prozessführung ein.

(43)

Brief an André Müller – André Müller sen./Peter Hacks, Nur daß wir ein bischen klärer sind. Der Briefwechsel 1989 und 1900, Berlin: Eulenspiegel Verlag 2002. Im Brief vom 6. April 1989 hatte Hacks Müllers eben verstrichenen Geburtstag erwähnt und dann behauptet, er erwähne den Geburtstag nicht, weil er, Müller, noch lebe und darum nicht erinnert werden müsse, sondern in seinem Wirken erfahren werden könne (a.a.O., S. 16).

Togliatti – Palmiro Togliatti (*26. März 1893, Genua; †22. August 1964, Jalta). 1947 bis 1964 Generalsekretär der KPI. Trat entschieden gegen Chruschtschows Kurs seit dem XX. Parteitag der KPdSU auf.

die beiden ... Titel – Palmiro Togliatti, Antonio Gramsci. Ein Leben für die italienische Arbeiterklasse, Berlin: Dietz 1954; sowie Guido Zamis (Hrsg.), Antonio Gramsci. Zu Politik, Geschichte und Kultur. Ausgewählte Schriften, Leipzig: Verlag Reclam jun. 1980.

(44)

die zwei KPD-Schriften zu »Weimar und die Nazis« – Zur Strategie und Taktik von SPD und KPD in der Weimarer Republik, Heft 78 I und II der Schriftenreihe der KPD, Berlin 2002.

(45)

die wichtige Neufassung eines wichtigen Dramas – Peter Hacks, Numa; in: HW 4, 305–371; Erstveröffentlichung in ders., Sechs Dramen, Düsseldorf: Claassen Verlag 1978, S. 85–179. Die Werkausgabe nennt für »Numa« die Entstehungsdaten 1971 und 2002 (HW 15, 341); abgedruckt wurde in der Werksausgabe die zweite Fassung. Zum Gesamtkomplex vgl. Volker Riedel, Nachwort zu einem Plädoyer; in: TOPOS, Sonderheft Peter Hacks, Nr. 23, 2005, S. 67–70.

ein kleines Buch – Pasiphaë (Hrsg.), Was ist das hier? 130 Anekdoten über Peter Hacks und 13 anderweitige, Berlin: Eulenspiegel Verlag 2003.

F. T. Vischer – Friedrich Theodor Vischer (*30. Juni 1807, Ludwigsburg; †14. September 1887, Gmunden), Schriftsteller, Linkshegelianer, Professor der Ästhetik. Mitarbeiter Arnold Ruges. Berühmt für »Das Erhabene und das Komische« (1837), den dritten Teil des »Faust« (1862) und den Roman »Auch einer« (1879). Aus diesem stammt die Wendung »die Tücke des Objekts«.

meine Frau – Die Dramatikerin Anna Elisabeth Wiede (*20. Dezember 1928, Berlin; †16. Juni 2009, ebenda).

Befreiung der PDS – Das Ausscheiden der PDS aus dem Bundestag nach der Bundestagswahl 2002 hatte zu einer Verschärfung der innerparteilichen Auseinandersetzungen geführt, in deren Folge die reformistischen Kräfte in der Partei einige Niederlagen erlitten. So wurde auf dem 8. Parteitag der PDS am 12. Oktober 2002 in Gera Gabriele Zimmer gegen deren Stimmen als Parteivorsitzende bestätigt.

(46)

Über-Marx – Gemeint ist Gerhard Branstner, dessen Buch »Die Weisheit des Humors« im ND vom 6.12.2002 rezensiert wurde.

Geburtstagslaudatio – Werner Röhr, Nicht predigen. Für materialistische Geschichtswissenschaft: Zum 85. Geburtstag von Wolfgang Ruge; in: »junge Welt« vom 1. November 2002; weiterhin: Wolfgang Ruge, Stalinismus. Eine Sackgasse im Labyrinth der Geschichte, Berlin: Deutscher Verlag der Wissenschaften 1991.

(47)

abgewiesen worden – Thieles Versuch, Ligatschow und Andrejewa als Autoren für die Festschrift zum 75. Geburtstag von Peter Hacks zu gewinnen, scheiterte vornehmlich an sprachlich bedingten Verständigungsschwierigkeiten. Andrejewa meldete sich jedoch im März 2003, nach Erscheinen der Festschrift, mit einem freundlichen Brief, dem ihr neuestes Buch mit einer Widmung für Hacks beigelegt war.

Gerald Hoffmann – Die Zeitschrift offen-siv veröffentlichte als Heft 2/2003 von Gerald Hoffmann: Voraussetzungen und Ergebnisse der großen Sozialistischen Oktoberrevolution; darin schrieb Kurt Gossweiler: Einleitende Bemerkungen, in denen er den jungen ehemaligen Leistungssportler und damaligen Studenten vorstellte.

Flegels Parteiverein – Hacks sah in dem Förderverein, der sich um die Zeitschrift RotFuchs und deren Chefredakteur Dr. Klaus Steiniger in Berlin gebildet hatte, einen Kristallisationspunkt für eine zukünftige nicht-revisionistische KP in Deutschland. Als unter Federführung des Chefredakteurs von offen-siv, Frank Flegel, am 11. Januar 2003 der Verein zur Förderung demokratischer Publizistik e.V. als Herausgebergremium von offen-siv gegründet wurde, bestand Hacks, der offen-siv über etliche Jahre hinweg unterstützt hatte, darauf, als Gründungsmitglied in absentia aufgenommen zu werden. Siehe auch die Anmerkungen zu Brief 35 und Brief 37.

(48)
gebundenen Geburtstagsgrüße – André Thiele (Hrsg.), In den Trümmern ohne Gnade, Festschrift für Peter Hacks, Berlin: Eulenspiegel Verlag 2003. Darin u.a. Kurt Gossweiler, Der unsterbliche Frühsozialismus, sowie Klaus Steiniger, Über Klassiker und über die Klasse.

(49)
aere perennius – Aus der lateinischen Wendung »exegi monumentum aere perennius« – »ich habe ein Monument errichtet, dauerhafter als Erz«.

(50)
ausführlicher als ich dachte – Hacks bezieht sich hier vermutlich auf die in Brief 51 erwähnte »Parteitags-Protokoll-Anfrage«.

(51)
Parteitags-Protokoll-Anfrage – Hacks hatte telefonisch angefragt, ob es von den Parteitagen der PDS Protokollbände gebe.
»Disput« – Die Zeitschrift DISPUT wurde von 1990 bis 2020 vom Parteivorstand der PDS bzw. der Partei Die Linke als monatlich erscheinende Mitgliederzeitschrift herausgegeben.

Zeitschrift für Sozialismus und Frieden

Die Zeitschrift offen-siv ist ein Zwei-Monats-Magazin, erscheint mit 6 Normalausgaben und 2-3 thematischen Sonderheften im Jahr. Zusätzlich bringen wir hin und wieder ein Buch heraus, u.a. die dreibändige Ausgabe von Schriften Kurt Gossweilers: „Wie konnte das geschehen?“

Unser inhaltliches Anliegen ist die kompromisslose Verteidigung des Marxismus-Leninismus, was selbstverständlich auch den Kampf gegen den Revisionismus einschließt.

Die offen-siv erscheint auf Spendenbasis und finanziert sich ausschließlich über diese Zuwendungen ihrer Leserinnen und Leser.

Kurt Gossweiler über die offen-siv bei seiner Dankesrede anlässlich der Feier zu seinem 90. Geburtstag: *„Damit bin ich zu der Zeitschrift und dem Personenkreis gekommen, denen ich persönlich für die Möglichkeit, meine Gedanken und meine Forschungsergebnisse zu den Ursachen unserer Niederlage und zu den Bedingungen eines neuen Aufstieges öffentlich zu machen, seit Jahren an erster Stelle zu danken habe; die Zeitschrift auch, die meiner Kenntnis und Meinung nach an der Spitze aller Zeitschriften steht, die sich die Verbreitung der unverfälschten Theorien von Marx, Engels und Lenin und den Kampf gegen deren revisionistische Verfälschung zum Ziel setzen - der Zeitschrift „offen-siv“ und ihren Initiatoren und Herausgebern Frank Flegel und Anna Heinrich. Aber zu danken ist auch allen, die durch ihre aktive Mitarbeit und Unterstützungsbereitschaft ermöglicht haben und weiter ermöglichen, dass diese tatsächlich unabhängige Zeitschrift nicht nur überleben konnte, sondern wachsen, gedeihen und an Einfluss und Ausstrahlung stetig zunehmen kann.“* (Zit. nach: offen-siv Jan-Febr. 2008)

„RotFuchs"-
Förderverein e.V.

Wir – Journalisten und Fachleute vieler Bereiche – bringen den **„RotFuchs"** als Monatszeitschrift mit 32 Seiten heraus. Sie erscheint seit Februar 1998 in Berlin und ist heute die auflagenstärkste marxistische Monatszeitschrift in deutscher Sprache. Wir sind so altmodisch, dem wissenschaftlichen Sozialismus von Marx, Engels und Lenin in Theorie und Praxis die Treue zu halten. Uns geht es um eine soziale Ordnung, die nur im Ergebnis unablässiger Klassen- und Massenkämpfe erstritten werden kann. Ihre Voraussetzungen sind die politische Macht der durch das Kapital Ausgebeuteten und das gesellschaftliche Eigentum an den wichtigsten Produktionsmitteln. Der **„RotFuchs"**, der für konsequenten Antifaschismus eintritt und Neonazismus in jeder Form bekämpft, ist ein von Sponsoren und Organisationen unabhängiges Blatt für Kommunisten, Sozialisten und andere Linke mit und ohne Parteibuch.
Der **„RotFuchs"** hat keinen Preis. Einmal jährlich bitten wir um eine Spende.

Unsere Zeitschrift **„RotFuchs"** wird in einer neutralen Versandtasche verschickt.

Interessenten melden sich bei:
Tel: 030-98389830 / 030-2412673
mail: vertrieb@rotfuchs.net

Eulenspiegel Verlag – eine Marke der
Eulenspiegel Verlagsgruppe Buchverlage

ISBN 978-3-359-50099-5
2. (korr.) Auflage dieser Ausgabe

Umschlag: Verlag, nach einem Entwurf von Buchgut, Berlin
Die Bücher des Eulenspiegel Verlags erscheinen in der Eulenspiegel Verlagsgruppe.
Printed in EU

www.eulenspiegel.com